吉林文化丛书

吉林文脉
传承工程

民俗风情 下

曹保明 ◎ 主编

北方妇女儿童出版社

·长春·

图书在版编目（ＣＩＰ）数据

民俗风情．下 / 曹保明主编．— 长春：北方妇女
儿童出版社，2023.12
（吉林文化丛书）
ISBN 978-7-5585-8169-4

Ⅰ．①民… Ⅱ．①曹… Ⅲ．①风俗习惯－吉林 Ⅳ．
① K892.434

中国国家版本馆 CIP 数据核字 (2023) 第 247684 号

民俗风情 下
MINSU FENGQING XIA

总 策 划	于 强
出 版 人	师晓晖
策 划	陶 然
责任编辑	石晓磊 杨多铎
版式设计	长春市一行平面设计有限公司
开 本	787mm×1092mm 1/16
印 张	18.25
字 数	350千字
版 次	2023年12月第1版
印 次	2023年12月第1次印刷
印 刷	吉林省恒盛印刷有限公司
出 版	北方妇女儿童出版社
发 行	北方妇女儿童出版社
地 址	长春市福祉大路5788号
电 话	总编办：0431-81629600
	发行科：0431-81629633
定 价	138.00元

《民俗风情·下》编辑委员会

主　编：曹保明

统　筹：杨昕艺

编　委：（按姓氏笔画为序）

于占忠　王立夫　吕　健　巩志强　张靖鑫　杨雪冰

梁亦璇　萨日朗　鲍　杰　解小洲

目录

目录

东北过年

东北秧歌是劳动人民长期创造积累的艺术财富。

神奇的灶王爷

民间有句俗语称"到了腊月就是年，没出正月还是年。"腊八是一年中最冷的日子，有"腊七腊八，冻掉下巴"这样的笑谈，腊八这天就像迈进了春节的门槛，东北人家家都会做上一锅热乎乎的腊八粥，还要搭配白醋腌制翠绿脆生的腊八蒜。"千百日好饭入口，不如一顿腊八粥"，东北的腊月伴随着刺骨的寒风，而一碗香甜温暖的腊八粥已将暖意送给在这片寒冷土地上生长工作的人们。

雪后平静的东北村落。

"二十三，糖瓜粘；二十四，写大字；二十五，扫尘土"，年前的每一天都是有特定意义的。腊月二十三俗称北方小年，这一天要祭灶。"腊月二十三，灶王送上天"，古人认为灶王爷是玉皇大帝派在百姓家里的神仙，家家户户大到婚丧嫁娶，小到鸡鸭猫狗都是灶王爷需要操心的事儿。而腊月二十三这天，灶王爷要向玉皇大帝汇报这家人一年来的善举和恶行，玉皇大帝会根据灶王爷的汇报来决定这家人在新一年里所应得到的赏罚。所以家家灶王爷画像的旁边，都会有"上天言好事，下界保平安"的对联。而这天供奉给灶王爷的粘粘的糖瓜，就是防止灶王爷在玉皇大帝面前告状，粘住他的嘴用的。接下来的"写大字，扫尘土"，指的是春节必需的对联和年前大扫除。室内屋外的"扫尘"也有把一切"穷运""晦气"扫出家门之意。

腊月二十五扫尘土，是一个颇为奇特的故事。传说，古人认为人的身上都附有一个三尸神，他像影子一样，跟随着人的行踪，与人形影不离。三尸神是个喜欢阿谀奉承、搬弄是非的家伙，他经常在玉帝面前造谣生事，把人间描述得丑陋不堪。久而久之，在玉皇大帝的印象中，人间简直是个充满罪恶的肮脏世界。一次，三尸神密报人间在诅咒玉帝，想谋反天庭。

玉皇大帝大怒，降旨迅速察明人间犯乱之事儿，凡怨忿诸神、亵渎神灵的人家，将其罪行书于屋檐下，再让蜘蛛张网遮掩以做记号。玉皇大帝又命王灵官于除夕之夜下界，凡遇做有记号的人家，满门斩杀，一个不留。三尸神见此计即将得逞，乘隙飞下凡界，不管青红皂白，恶狠狠地在每户人家的屋檐墙角做上记号，意图让王灵官来个斩尽杀绝。正当三尸神在作恶时，灶神发觉了他的行踪，大惊失色，急忙找来各家灶王爷商量对策，并想出了一个好办法，于腊月二十三日送灶之日起，到除夕接灶前，每户人家必须把房屋打扫得干干净净，哪户不整洁，灶王爷就拒不进宅。大家遵照灶王爷升天前的嘱咐，清扫尘土，掸去蛛网，擦净门窗，把自家的宅院打扫得焕然一新。等到王灵官除夕奉旨下界查看时，发现家家户户窗明几净，灯火辉煌，人们团聚欢乐，人间美好无比。王灵官找不到标明劣迹的记号，心中十分疑惑，便赶回天上，将人间祥和安乐、祈求新年如意的情况禀告玉皇大帝。玉皇大帝听后大为震动，降旨拘押三尸神，下令掌嘴三百，永拘天牢。这次人间劫难多亏灶神搭救，才得幸免。为了感激灶王爷为人们除难消灾、赐福百姓，民间扫尘总在送灶后开始，直忙到大年夜。

"腊月二十七，宰鸡赶大集"。这一天，家家户户除了要宰杀自家的家禽，还要赶集上店、集中采购。与平日以购缺卖余为主要目的的赶集相比，腊月二十七的赶集主要是买卖年节物品，例如鞭炮、春联、神马、香烛、烧纸、牛羊肉、赠送小孩子的各种玩具礼品、女孩子的各种头花饰物等等。这一天，各地的集市都十分红火热闹。

"大寒小寒，杀猪过年"，杀猪菜是东北进了腊月后不得不提的一道特色菜。每家每户都会选择在一年到头的日子里杀猪剁肉。"小鸡炖蘑菇"也是东北代表菜，黑吉辽地区盛产蘑菇，无论是红蘑还是榛蘑，都是东北特有的"山珍"，现在连方便面都有"小鸡炖蘑菇"口味，可见这个味道已经走进了全国人民的心中。

年夜饭一定有一条整鱼，"鱼"是"余"的谐音，象征年年有余，这道菜是全国人民对旧年的告别和对新岁的祈愿，人们希望每年都有富余的粮食和钱财。

到了除夕夜，全家一起祭祖，焚香秉烛、广陈供品，依尊卑长幼，向宗亲三代神主叩首，表示辞岁。随后，举行家宴，长辈们坐在上首，晚辈们团团而坐，取"阖家团圆"之意。饭果丰富，让人有充实感，预示来年丰衣足食，事业兴旺。

这顿饭是对年菜的首次品尝。通常必有红烧肉、四喜丸子、鸡冻儿、鱼冻儿、猪肉冻儿、炖羊肉、米粉肉、红焖肘条、元宝肉、南煎丸子、豆腐、辣芥菜、炒酱瓜等年禧套菜。

席间，老少间互相祝愿，兄弟间推杯换盏，尽情享受天伦之乐。饭后，孩子们将芝麻秸遍撒庭院，人行其上，嘎嘎作响，谓之"踩岁"，再将挂在室内外的春灯一齐点亮，照耀着四壁的年画和春条，室内外一片灯火辉煌。

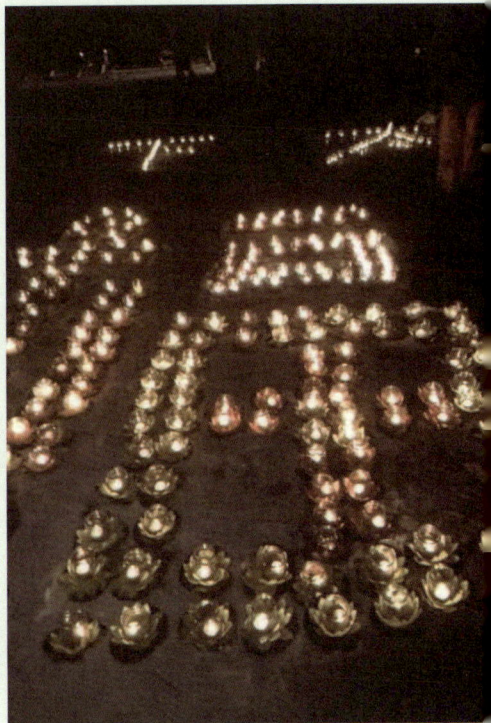

具有祝福作用的河灯。

东北过年

天地桌

　　"天地桌"上供着大幅黄纸彩印的"天地三界十八佛诸神"或"百分"（天地诸神像册），设大饼、果品、蜜供、面鲜、素菜、年糕、年饭为供品，高点金字红烛与子午香，以表迎请诸神下界赐福。

　　天地桌，这是一个临时性的供桌，是除夕专设之桌。一般无大佛堂之家特别重视天地桌，因为平时对神佛供献较少，所以到年终岁尽时要对神佛进行一次大的酬谢。此外，天地桌主要还是为接神使用。过年供奉的天地桌的内容与常年供奉的佛堂有所不同，除供有的挂钱、香烛、五供、大供之外，其受祀的对象也大都是临时性的，如"百分"，它是一本木刻版的神像画册。"天地三界十八佛诸神"是一张用大幅黄毛边纸，木刻水彩印的全神像，此外还有福禄寿三星画像等。以上诸像有的接神后即焚化，有的则须到破五，甚至到灯节才焚烧。摆天地桌的位置也不统一，如堂屋地方宽敞，可置于屋中，如屋内无地，就置于院中。传说此夜为天上诸神下界的时间，所以民间有接神习俗。

　　祭灶后，诸神都回到天宫，不理人间俗事。到除夕子时后，新的一年来临时，诸神又降临人间理事。接神的仪式便在天地桌前举行，由家中的长者主持。因为诸神所居的天界方位不同，下界时来的方向自然也不同，至于接何神、神从何方来，要预先查好"宪书"，然后带领全家举香在院中按方位

夜空中被点亮的冰灯。

接神。如辛未年的"宪书"上指示"财神正东、福神正南、贵神东北、喜神西南、太岁神西南等。"按方位叩首礼毕后，人们肃立待香尽，再叩首，最后将香根、神像、元宝锭等取下，放入早已在院中备好的盆中焚烧。东北人家也延续了这一习俗，不过许多满族人家也会请满族神话里的神仙和家神来共度新年。

为珍惜已逝的岁月，男女老少在除夕夜都要彻夜不眠，进行不同的娱乐活动，谓之"守岁"。孩子们历来是随心玩耍，抖空竹、抽陀螺、捻升官图、掷骰子、玩牛牌、吹琉璃喇叭、吹口琴、耍影戏人、点走马灯，放"滴滴金儿""耗子屎""黄烟带炮"……老人们则坐在一起斗纸牌、打麻将、打十胡。

娱乐中佐以鲜果、糖果、蜜饯等，边吃边玩，尽情享受，照耀着四壁的年画和春条，室内外一片灯火辉煌。

午夜，此起彼伏的鞭炮声响震夜空。"遍天银花锈，阖街硝烟浓"。家家齐聚天地桌前焚香叩拜，供上素馅水饺，迎接诸神下界。礼成后，即宣告旧岁已去，新年来临，这正是"五更分二年"的庄严时刻。全家互道"新禧"，晚辈们要到堂上给长辈们叩首拜年，长辈们必给未成年的小孩儿"压岁钱"。最后，全家吃一顿素馅饺子，谓之"五更饺子""团圆饺子"。东北人民喜爱面食，每到节气都选择吃饺子。新年的饺子一般在除夕夜十二点前包好，半夜十二点时吃。饺子取"更岁交子"之意，百十个饺子里，只有一个放有硬币，谓之吃到这个饺子的人，主一年诸事顺遂，好运常伴。

春节的来历

而春节的来历则与玉皇大帝和弥勒佛有关。有一年，世上大乱。玉帝得知后，降下御旨：要派一位大神去管理人间的衣食住行。可是，没有神仙肯接旨。

这时候，南天门外传来一声吆喝："这差事我干啦！"抬头看时，是光头顶、胖乎乎、笑哈哈的弥勒佛。弥勒佛来到人间后，第一件事就是让人们过了一个痛快年，吃好的，穿好的，不干活儿。他还要大家把各路神仙都请到，香箔纸锞准备齐全。到了初一，家家都要起五更，放鞭炮。

这样又过了几天，到了初五，天刚蒙蒙亮，忽然传来一阵吵闹声。吵闹者是姜太公的老婆（专管茅房、粪土的脏神），正在跟弥勒佛吵架呢。原来，人们请神仙时把她给忘了。弥勒佛只好说："这样吧！今儿是初五，让人们再为你放几个炮，包一次饺子，破费一次吧！"这就是"破五"的来历。

不想这几声炮响传到天宫，玉帝以为人间又出了什么事了，便派财神去察看。财神来到人间一看，到处都是香箔纸锞，高兴得就忘了回去。

玉帝等啊等，财神还是没有回来，便亲自到人间察看。他一看，人们啥活儿都不干，非常生气，召来弥勒佛喝道："你怎么尽让人们吃好的，穿好的，不干活儿？"

弥勒佛笑嘻嘻地说："你要我管人们的衣食住行，可并没有叫我让人们干活儿呀！"玉帝一想，也对，既然已经这么办了，那一年只能有此一次，开春以后就要下地干活儿。从那以后便留下了旧例，一年有一次春节。

每逢春节，村里的老人们就会制作冰灯。此时正值寒冬腊月，吉林的天地便是一幅雪国冰封的景象。因地制宜，老人们用水桶盛放冷水，只需过一夜，桶里的水便凝结成冰，将冰块倒出来，用凿子将冰块的中间挖空，在里边放入小灯泡，外面则贴上一张张鲜红的剪纸，这些剪纸是家里手艺精湛的女孩儿和大娘们剪出来的，在夜晚降临时，一排排的冰灯就像夜空中的星光，给北国的寒夜里带来一缕缕光亮。

纸葫芦。葫芦谐音为"福禄"，代表吉祥如意。

东北秧歌表演中的服饰，从整体上看，色彩浓艳、明亮。

东北秧歌中最突出最具特色的道具就是手中的扇子和多边形手绢。

东北过年

制作炸粉花的材料准备。

在油锅里逐渐定型的炸粉花。

18

炸好的粉条外观漂亮、口感爽脆、老少皆宜。

用来祭祀的"炸粉花"。

　　而除了制作冰灯，吉林的人们过春节的餐桌上必不可少的两道菜就是炸粉花和豆包。顾名思义，炸粉花就是将制作好的粉条放入油锅里炸，其中有不少窍门，粉条最好是用农安县的，粉条取自农安大米，质地粗长、厚实、耐炸，农安又誉为"东北的粉条之乡"。而下锅的油温最好是七分热，刚下锅时先使粉条炸至微黄，然后加热到高温，让粉条膨胀蜷曲，这样炸出来的粉条口感爽脆，老少咸宜。炸好的粉花还可以插在大白菜上用来祭拜祖先，表示丰收。

　　而豆包是吉林人民家家户户都会捏制的一道特色美食，每到除夕前几日，农闲的大娘们就围坐在炕上，一边唠嗑，一边捏豆包，等到晚上，一桌整整齐齐的豆包便捏好了。以前富裕的人家过年大鱼大肉，贫苦一些的人家最少也得摆一桌豆包，这样能增添几分年味。

东北过年

清明节

清明节的食物。

寒食清明

　　相传春秋战国时代，晋献公的妃子骊姬为了让自己的儿子奚齐继位，就设毒计谋害太子申生，申生被逼自杀。申生的弟弟重耳，为了躲避祸害，流亡出走。在流亡期间，重耳受尽了屈辱。原来跟着他一道出奔的臣子，大多陆陆续续地各奔出路去了。只剩下少数几个忠心耿耿的人，一直追随

着他。其中一人叫介子推。有一次，重耳饿晕了过去。介子推为了救重耳，从自己腿上割下了一块肉，用火烤熟了就送给重耳吃。十九年后，重耳回国做了君主，成为了著名春秋五霸之一的晋文公。

晋文公执政后，对那些和他同甘共苦的臣子大加封赏，唯独忘了介子推。有人在晋文公面前为介子推叫屈。晋文公猛然忆起旧事，心中有愧，马上差人去请介子推上朝受赏封官。但差人去了几趟，介子推都不来，晋文公只好亲自去请。但是，当晋文公来到介子推家时，只见大门紧闭。介子推不愿见他，已经背着老母躲进了绵山。晋文公便让他的手下上绵山搜索，没有找到。于是，有人出了个主意，即放火烧山，三面点火，留下一方，大火起时介子推会自己走出来的。

晋文公乃下令举火烧山，孰料大火烧了三天三夜，大火熄灭后，终究不见介子推出来。上山一看，介子推母子俩抱着一棵烧焦的大柳树已经死了。晋文公望着介子推的尸体哭拜一阵，然后安葬遗体，发现介子推脊梁堵着个柳树树洞，洞里好像有什么东西。掏出一看，原来是片衣襟，上面题了一首血诗：

清明时节人们可以赏花、荡秋千。

割肉奉君尽丹心，但愿主公常清明。

柳下作鬼终不见，强似伴君作谏臣。

倘若主公心有我，忆我之时常自省。

臣在九泉心无愧，勤政清明复清明。

晋文公将血书藏入袖中。然后把介子推和他的母亲分别安葬在那棵烧焦的大柳树下。为了纪念介子推，晋文公下令把绵山改为介山，在山上建立祠堂，并把放火烧山的这一天定为寒食节，晓谕全国，在每年这天禁忌烟火，只吃寒食。

走时，他伐了一段烧焦的柳木，到宫中做了双木屐，每天望着它叹道："悲哉足下。""足下"是古人下级对上级或同辈之间相互尊敬的称呼，据说就是来源于此。

匠人制作柳条编筐。

但其实，寒食节真正起源于古代的钻木、求新火之制。古人因季节不同，用不同的树木钻火，有改季改火之俗。而每次改火之后，就要换取新火。新火未至，就禁止人们生火。这是当时的一件大事。《周礼·秋官·司烜氏》载"仲春，以木铎修火禁于国中。"可见当时人们就是摇着木铎，在街上走，下令禁火。这司烜氏，也就是专管取火的小官。在禁火之时，人们就准备一些冷食，以供食用，这样慢慢就成了固定的风俗了。以后，才与介子推的传说相联系，成了寒食节，长达一个月。但这毕竟不利于健康，便缩短时长，从七天、三天逐渐改为一天，唐之后便融合在清明节中了。

而在寒食节的发展过程中也产生了许多经久不衰的习俗，如上坟、郊游、斗鸡子、荡秋千、打毯、牵钩（拔河）等。其中上坟之俗，是很古老的。有坟必有墓祭，后来因与三月三上巳节招魂续魄之俗相融

合，便逐渐定在寒食上祭了。

在《荆楚岁时记》："（寒食）斗鸡，镂鸡子（鸡蛋），斗鸡子。"可知在南朝民间就有斗鸡跟斗鸡蛋的习俗了。其中斗鸡蛋多是乡间小儿互相撞碰鸡蛋。在古代，用作碰撞争斗的鸡蛋多是染色、雕镂过的，十分精美。画蛋的习俗，源于《管子》中所记的"雕卵"。它是由古代食卵求生育的巫术发展而来，成了寒食的节俗。今天民间亦有清明吃蛋之俗，以求得"子福"。

在确定寒食节的第二年，晋文公带领群臣，素服徒步登山祭奠，表示哀悼。行至坟前，只见那棵老柳树复活，绿枝千条，随风飘舞。晋文公望着复活的老柳树，如同看见了介子推一样。他敬重地走到老柳树跟前，珍爱地掐了一下枝，编了一个圈儿戴在头上。祭扫后，晋文公把复活的老柳树赐名为"清明柳"，又把这天定为"清明节"。

此后，晋文公常把带血的书袖带在身边，作为鞭策自己执政的物件。他勤政清明，励精图治，把国家治理得很好。

　　此后，晋国的百姓得以安居乐业，对有功不居、不图富贵的介子推非常怀念。每逢他去世的那天，大家用禁止烟火来表示纪念。还用面粉和着枣泥，捏成燕子的模样，用杨柳条串起来，插在门上，召唤他的灵魂，此物被称为"子推燕"。每逢寒食节，大家不生火做饭，只吃冷食。

　　由于寒食节期间禁止生火做饭，所以需要准备一些事先做好的熟食（即冷食），以备禁火期间食用，相沿成习，遂成寒食风俗。寒食节期间的食品，北方主要有面粉做的蒸饼，上附红枣并捏成燕子形状的"子推燕"；有用粳米及麦芽糖调制成的醴酪。在南方，主要用油炸至金黄色近似今日点心的环饼；有用糯米与雀麦草汁混合而成，以枣泥或豆沙为馅料的蒸食——青白团子。此外，鸭蛋、枣糕、杏仁粥、冻猪肉、冻鱼肉，也是寒食节常见的食品。

　　每年清明，大家把柳条编成圈儿戴在头上，把柳条枝插在房前屋后，以示怀念介子推。

清明节

刘邦祭祖

关于清明节的来历，还有一个起源于秦汉时期的传说。相传在秦朝末年，汉高祖刘邦和西楚霸王项羽，大战好几回合之后，终于取得天下。

刘邦光荣返回故乡的时候，想要到父母的坟墓上去祭拜，却因为连年的战争，使得一座座的坟墓上长满杂草，墓碑东倒西歪，有的断落，有的破裂，而无法辨认碑上的文字。

刘邦非常难过，虽然部下帮他翻遍所有的墓碑，可是直到了黄昏的时候还是没找到他父母的坟墓。

最后刘邦从衣袖里拿出一张纸，用手撕成许多小碎片，紧紧捏在手上，然后向上苍祷告说："爹娘在天有灵，现在风刮得这么大，我将把这些小纸片，抛向空中，如果纸片落在一个地方，风吹不动，就是爹娘的坟墓。"

说完刘邦把纸片向空中一抛，果然有一片纸片落在一座坟墓上，不论风怎么吹都吹不动，刘邦跑过去仔细一瞧模糊的墓碑，果然看到他父母的名字刻在上面。

刘邦高兴得不得了，马上请人重新整修父母亲的墓。自此以后，每年的清明节到父母的坟上祭拜形成风俗。

后来民间的百姓，也和刘邦一样每年的清明节到祖先的坟墓祭拜，并且用小土块压几张纸片在坟上，表示这座坟墓是有人祭扫的。

至于寒食节和清明节的融合则是在唐代，唐玄宗开元二十年诏令天下，"寒食上墓"。因寒食与清明节相接，后来就逐渐传成清明节扫墓了。明清时期，清明节扫墓更为盛行。古时扫墓，孩子们还常要放风筝。有的风筝上安有竹笛，经风一吹能发出响声，犹如筝的声音，据说风筝的名字也由此而来。

习俗流传

　　中国古人对祭祀祖先十分重视。上古时候，家中有人去世时，只挖墓坑安葬，筑坟丘标志，祭祀主要在宗庙进行。后来在挖墓坑时还筑起坟丘，将祭祖安排在墓地，便有了物质上的依托。直至战国时期，墓祭之风逐渐浓厚起来。

　　秦汉时期，祭扫坟墓的风气更盛。根据《汉书》记载，大臣严延年即使离京千里，也要定期还乡祭扫墓地。在唐朝，不论士人还是平民，都将寒食节扫墓视为返本追宗的仪节，由于清明节距寒食节很近，人们还常常将扫墓延至清明。诗人们的作品，也往往是寒食、清明并提，如韦应物有诗句说："清明寒食好，春园百卉开。"白居易也有诗句说："乌啼鹊噪昏乔木，清明寒食谁家哭。"后代君主们鉴于民间寒食、清明并举已相沿成习，就以官方文书的形式正式规定，清明到来时，可以与寒食节一起放假。这项规定距今已经 1200 多年，说明从那时起清明开始具有某种国家法定节日的色彩。

　　到了宋元时期，清明节逐渐由附属于寒食节的地位，上升到取代寒食节的地位。这不仅表现在上坟扫墓等仪式多在清明举行，就连寒食节原有的风俗活动如冷食、蹴鞠、荡秋千等，也都被清明节收归所有。

　　清明节后来还吸收了另外一个较早出现的节日——上巳节的内容。上巳节古时在农历三月初三举行，主要风俗是踏青以及临河用清水洗浴，以祈福消灾。如晋代陆机有诗写道："迟迟暮春日，天气柔且嘉。元吉降初巳，濯秽游黄河。"即是当时人们在上巳节游河、踏青的生动写照。

　　清朝时期，还有吃青团的习俗。传说有一年清明节，太平天国将领李秀成被清兵追捕，附近耕田的一位农民上前帮忙，将李秀成化装成农民模样，与自己一起耕地。没有抓到李秀成，清兵不肯善罢甘休，于是在村里添兵设岗，每一个出村人都要接受检查，防止他们给李秀成带吃的东西。

　　回家后，那位农民在思索带什么东西给李秀成吃时，一脚踩在一丛艾草上，滑了一跤，爬起来时只见手上、膝盖上都染上了绿莹莹的颜色。他顿时计上心头，连忙采了些艾草回家洗净煮烂挤汁，揉进糯米粉内，做成一个个米团子。然后把青溜溜的团子放在青草里，混过村口的哨兵。李秀成吃了青团，觉得又香又糯且不粘牙。天黑后，他绕过清兵哨卡返回大本营。后来，李秀成下令太平军都要学会做青团以御敌自保。吃青团的习俗就此流传开来。

　　而在吉林，清明时节也流传着许多有趣的民俗，如满族的"扎佛头"。佛托是满语音，译成汉字有多种写法：佛托、佛头、佛朵、佛多、佛陀等，佛读第一声，托、头、朵、多、陀读轻声。

　　"扎佛托"是一种由巧手之人用高粱秆加上彩色纸条做成的饰物，由故去的人的后代插到墓地上，这是一个非常优良的传统，表达了后人对先祖的纪念、缅怀、崇敬，清明节上坟祭祀祖先只插佛托，不烧纸，也特别符合古代和今天的防火要求。

　　"扎佛托"这个习俗的由来则伴随着一个凄美的故事。努尔哈赤脚心有七颗红痦子当时，万历皇帝曾下一道密旨，说占卜官发现东北方向有紫微星下凡，要李成梁多加留意。李成梁准备将努尔哈赤押送北京领赏，李成梁的小妾喜兰偷着将努尔哈赤放跑，自己则上吊而死。后来，努尔哈赤为了报答喜兰的救命之恩，封喜兰为"佛托妈妈"，满族民间百姓则在清明插佛托表达对喜兰的追念和敬意。因为喜兰上吊而死，所以佛托形状演变得很像悬空的人形，复杂而艳丽。

每到清明，人们都会拿着制作好的佛托去坟上祭拜先祖。

如今清明节的诸多传统习俗不单单是一个流程和形式，这些习俗蕴含着我们中华民族传统的文化内涵和人文精神，并沿着时代一直传承和发展下去。

清明节的美食。

端午节

农历五月初五，是中国民间的传统节日——端午节，它是中华民族古老的传统节日之一。端午也称端五，端阳。此外，端午节还有许多别称，如午日节、重五节、五月节、浴兰节、女儿节，天中节、诗人节、地腊、龙日等等。虽然名称不同，但总体上说，各地人民过节的习俗还是同多于异的。

端午节，一直是中国人心中比较重要的传统节日。

端午节，是中国人二千多年来的传统节日，由于地域广大，民族众多，加上许多故事传说，于是不仅产生了众多相异的节名，而且各地也有着不尽相同的习俗。其内容主要有女儿回娘家，挂钟馗像，迎鬼船、躲午，帖午叶符，悬挂菖蒲、艾草，游百病，佩香囊，备牲醴，赛龙舟，比武，击球，荡秋千，给小孩儿涂雄黄，饮用雄黄酒、菖蒲酒，吃五毒饼、咸蛋、粽子和时令鲜果等，除了有迷信色彩的活动渐已消失外，其余至今流传中国各地及邻近诸国。有些活动，如赛龙舟等，已得到新的发展，突破了时间、地域界线，成为了国际性的体育赛事。

关于端午节的由来，说法甚多，诸如纪念屈原说、纪念伍子胥说、纪念曹娥说、起于三代夏至节说、恶月恶日驱避说、吴月民族图腾祭说等等。但最广为大众接受的无疑是屈原报国投身汨罗江的故事。

屈原是战国时期楚国的大臣、诗人、伟大的爱国主义英雄。当年，他

积极主张联合齐国，抗击秦国，可是当时的国君楚怀王不接受他的意见。后来，楚怀王被张仪骗去秦国软禁起来。秦人逼他割一块国土让给秦国。这个时候楚怀王才醒悟过来，又羞愧又后悔，后来病倒，不久后死在秦国。忠心耿耿的屈原，听到这个消息十分悲痛和气愤，写信给新继位的顷襄王，希望他多听信忠臣的话，不要听信奸臣的话，选最好的将领，训练精兵，保卫楚国的国土，为楚怀王报仇。可是糊涂的顷襄王，不但没听屈原的劝告，也没照屈原的话去做，反而怀恨屈原，罢了他的官，把他逐出宫廷，流放到了边远的地方。

秦国见楚国越来越无能，觉得时机已到，便出兵攻打楚国，在很短的时间里，楚国就丢失了大半国土。当时，无辜的老百姓死了无数，漫山遍野都是尸骨。屈原看到祖国被侵略，自己想要拯救祖国，又有力无处去使，心里像刀绞一样痛苦。约在公元前二百七十八年，农历五月初五这天，投汨罗江自杀，他用自己的生命谱写了一曲爱国主义的乐章。

长春伊通河举行龙舟比赛。

在屈原投江以后，楚国人民赶到江边搭救他。人们为了不让江里的鱼鳖虾蟹吃掉屈原的尸体，便往江里投好吃的东西。有一位老医生，还把一坛用雄黄泡的酒倒进江中，说是用雄黄酒药晕江里的蛟龙……楚国人民为了悼念这位伟大的爱国诗人，每逢端午都会驾着船，带着饭，划到汨罗江中流，把饭投到江里祭祀屈原。

这样过了一年、两年……一天晚上，一些楚国人忽然梦见屈原来了，头上戴着高高的帽子，腰里挂着一把长长的宝剑，身上还戴着一些珠宝美玉。大家都很高兴地欢呼起来，一个个恭恭敬敬地向他行礼。

屈原笑着迎上来对大家说："乡亲们的好意，我非常感谢。从你们的行动中看出楚国的人民是爱国的，爱什么人恨什么人也是分明的，是坚持正义的。"

大家见屈原很消瘦，就关心地问屈原："我们给您送去那么多米饭，您吃到没有？"

龙舟比赛场景。

屈原感激地说："真谢谢你们了！"接着又叹口气说，"你们送给我的饭，都让那些鱼鳖虾蟹吃了。"

大家听了，气愤地说："这些坏家伙，真不讲道德，我们投下那么多好吃的，总该给你留下一些呀！"

屈原苦笑了一下，摇摇头说："我总不好和它们去争着吃呀！再说，要争我也争不过它们呀！"

大家就问："怎样才不会被它们吃掉呢？"屈原说："如果你们用竹叶把饭包起来，做成菱角形的尖角粽子，它们会误以为是菱角，就不敢吃了。"说完这话，屈原的身影就不见了。

第二年的端午节，人们就照着这样做了。可是，过了端午节，屈原又给人们托了个梦，说："谢谢你们给我送来了菱角粽子，我吃到了。可是大多数还是让鱼鳖虾蟹吃了。"

人们又问他："还有什么办法呢？"

屈原说："办法倒有，就是送粽子的船，要打扮成龙的样子，因为鱼鳖虾蟹都归龙王管，它们一看见菱角粽子是龙王送来的，就一个也不敢吃了。"

打那以后，人们一年一年都照着这样去做，划着龙舟到汨罗江里送粽子。这就留下了端午节吃粽子、划龙船的风俗。

纪念伍子胥的传说在江浙一带流传很广，伍子胥生活在春秋时期，名员，楚国人，父兄均为楚王所杀，后来子胥弃暗投明，奔向吴国，助吴伐楚，五战而入楚都郢城。当时楚平王已死，子胥掘墓鞭尸三百，以报杀父兄之仇。吴王阖庐死后，其子夫差继位，吴军士气高昂，百战百胜，越国大败，越王勾践请和，夫差许之。子胥建议，应彻底消灭越国，夫差不听，吴国宰相，受越国贿赂，谗言陷害子胥，夫差信之，赐子胥宝剑，子胥以此死。子胥本为忠良，视死如归，在死前对邻舍人说："我死后，将我眼睛挖出悬挂

正在等着
划龙舟的人们。

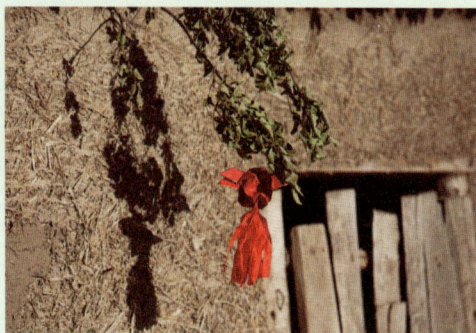

艾蒿系红绳。

在吴京之东门上，以看越国军队入城灭吴"，便自刎而死。夫差闻言大怒，令取子胥之尸体装在皮革里，于五月五日投入大江，因此相传端午节亦为纪念伍子胥之日。

东汉孝女曹娥救父投江传说。曹娥是东汉上虞人，父亲溺于江中，数日不见尸体，当时孝女曹娥年仅十四岁，昼夜沿江号哭。过了十七天，在五月五日也投江，五日后抱出父尸。就此传为神话，继而相传至县府知事，令度尚为之立碑，让他的弟子邯郸淳作诔辞颂扬。

孝女曹娥之墓，在今浙江绍兴，后传曹娥碑为晋代王义所书。后人为纪念曹娥的孝节，在曹娥投江之处兴建曹娥庙，她所居住的镇改名为曹娥镇，曹娥殉父之处定名为曹娥江。

随着近代大量出土文物和考古研究证实，一个关于端午起源于古越民族图腾祭的说法也得到人们的关注。长江中下游广大地区，在新石器时代，有一种几何印纹陶为特征的文化遗存。该遗存的族属，据专家推断是一个崇拜龙的图腾的部族——史称百越族。出土陶器上的纹饰和历史传说示明，他们有断发纹身的习俗，他们生活于水乡，自比是龙的子孙。其生产工具有大量的石器，也有铲、凿等小件的青铜器。作为生活用品的坛罐中，烧煮食物的印纹陶鼎是他们所特有的，也是族群的标志之一。直到秦汉时代尚有百越人，端午节就是他们用于祭祖的节日。在数千年的历史发展中，大部分百越人已经融合到汉族中去，其余部分则演变为南方许多少数民族。因此，端午节成了全中华民族的节日。

随着端午节的发展变化，如今已经形成许多固定的民俗，而吉林也形成了许多有趣的端午节习俗。

一是用东北庄稼的杆和银白的小桦树皮配上红色的绳子编制成笼，挂在小孩子的脖子上，表示吉祥平安。

二是吉林的划龙舟比赛，人们在长春的伊通河举行龙舟比赛，以纪念清代为雅克萨战役抗击俄国侵略者的先民们。当年士兵们英勇地抵抗沙俄侵略者，前线后勤补给跟不上，吉林的百姓们便用小船从江河给战士们运送粮食。在运送途中为了躲避敌人的炮火，乡亲们只得拼了命地往前划船，因此划龙舟的比赛也是为了纪念当年东北人民勇猛、爱国的事迹。

三是要到专门制作彩葫芦的手艺人家里买彩葫芦挂在家门口，祈求平安，寓意过一个幸福美满、多姿多彩的端午节。

四是沿河放河灯，纪念吉林放排的先民们。明朝朱棣时期，曾经派萨哈连船王亦失哈九次出使北土，使得北土百个部落臣服于中原王朝，并且建立起了朝贡贸易，他们是开拓东北亚冰雪丝绸之路的第一批先行者。而许多的先辈们则倒在了去往北方的道路上。后人为了纪念他们，每逢端午便在江河里放河灯，在上面写上自己的思念，表达对先辈们的缅怀和纪念。

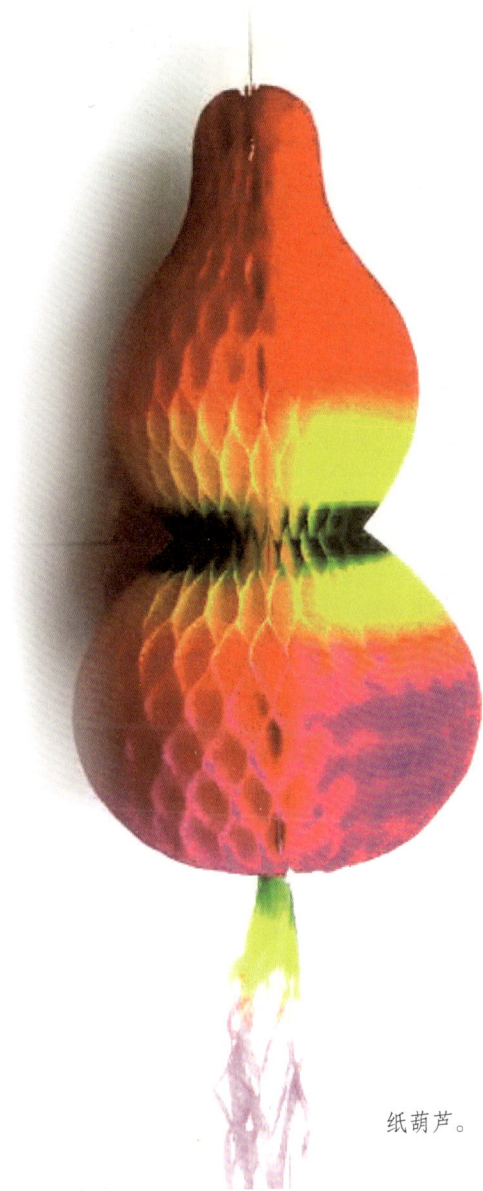

纸葫芦。

端午节

37

彩葫芦挂在架子上。

用南瓜制作河灯的妇女。

五是挂蒲草，人们以蒲草洗脸。这其实与别的地区端午节时在门口挂艾草，吃艾草糍粑是一个道理，也是驱邪、保平安的意思。

还有一种习俗是家家户户在门框上插上两枝艾蒿，这个习俗与农民英雄黄巢还有点儿联系。

唐朝僖宗年间，有一个叫黄巢的农民英雄起来反抗暴政，他带领穷苦百姓，成立了义军，专门讨伐贪官。东征西战，用从贪官那里缴获的钱粮，救济穷苦百姓。当时的皇帝和官府都很害怕，派兵捉拿黄巢，并造谣说黄巢是杀人不眨眼的红胡子。没见过黄巢义军的老百姓，就相信这谣言，听说黄巢来了，就急忙逃难。

这一年，黄巢的义军从山东打到河南，大兵就要围住邓州城了。黄巢到城边查看地形，只见成群的男女老幼从城里逃出来。一个妇女背着包袱，手里拉着一个两三岁的小男孩儿，怀里却抱着一个五六岁的大男孩儿，感到很奇怪，就跳下马来问她："请问大嫂，你们母子慌慌张张地要到哪里去？"

那位妇女说："县衙门今早晨挨个门传令说，黄巢要来血洗邓州城，男人们都被抓去护城了，剩下的老老小小都要出城逃命去。"

黄巢把妇女手里拉的那个小男孩儿抱起来，问她说："你为什么手拉小的，却怀里抱一个大的呢？"

那个妇女悲痛地说："抱的这个孩子，他父亲被官兵抓去修城累死了，他母亲有病没钱治，活活地耽误死了，这孩子是一根独苗。手拉的这个孩

人们在放河灯。

大人们在孩子头上
插艾蒿，表达祝福。

蒲草。

端午江陵祭活动中用到的蒲草。

子是我亲生儿子，万一黄巢追来，我宁肯丢掉亲生儿子，也要留下邻居家这根独苗。"

听了这些话，黄巢深为感动，就说："大嫂你放心吧，穷苦老百姓是黄巢的父母，他决不会杀害他们的。"

那妇女说："杀不杀，谁知道，俺也没亲眼见过。"

黄巢说："黄巢也是个穷苦百姓，活不下去了，才起来造反。官府里那些鬼话，千万别信它。"

那妇女又说："听说黄巢两条眉毛连在一起，三个鼻眼，是个青面獠牙的妖怪。"

黄巢哈哈大笑起来说："你看我有几个鼻眼？"

那妇女苦笑着说："您真会开玩笑，您又不是黄巢。"

黄巢往那个妇女跟前走了几步说："我就是黄巢！"

那个妇女吓得打了一个冷颤，颤抖地往后退了几步，抬头看着眼前这个威风凛凛的男子汉。

黄巢说："大嫂，你不要怕，我黄巢专门和官府、贪官作对。你爱邻居的孩子，我爱天下的老百姓。只有爱，不会杀呀！"

那个妇女自言自语地说："真的吗？只有爱？不会杀？"

黄巢见路旁长满了艾苗，他灵机一动，伸手拔了两棵，对那妇女说："对！有艾不杀！大嫂，你快快回城，暗暗传话，让穷人门上都插上艾草，有这个记号，保管一个都不会被伤害。"

那妇女听了黄巢的话，千恩万谢地回城去了。黄巢的话很快传遍了全城的穷人家。当天晚上穷人家的门上都插上了艾苗。

第二天，正是端午，黄巢率领大军攻城，很快打进了邓州城，杀了民愤极大的县官和几家富豪，开仓分粮，城里的穷苦百姓一起欢呼。

因此，端午节插艾就成了风俗，一直传到现在。

中秋节

满族人制作月饼需要的各种形状的月饼模子。（关云德满族民俗博物馆供图）

英雄降世

"万里无云镜九州,最团圆夜是中秋。满衣冰彩拂不落,遍地水光凝欲流。"中秋节是中华民族最重要的传统节日之一。每年农历八月十五日,人们都会庆祝这个节日。而中秋节的起源及其习俗的起源,如今流传最广的为后羿与嫦娥的故事。

后羿,上古尧时的诸侯,精于射术。他不食五谷,只吃百草之花。后羿的妻子就是嫦娥。相传尧当位 12 年时开始巡幸天下。到了淮扬,一个名叫缴父的奇伟男子手持弓矢,进见尧。尧问他有何特长,他回答说:"精于射术,并且能在风上风下行走,往来自如。"尧就让他试试,想看看他的本事究竟如何。他对着山顶上的高松举箭便射,竟射中了树干,之后又扶风而上,拔矢而下。尧对他的神技大加赞赏,称他为羿,并委他做木正。

那时候,天上十日并出,烤得大地异常炎热,草木禾稼,都枯萎了。大风四起,摧毁了房屋。北方发了洪水,冲决了堤岸。又有名叫猰貐的怪兽,善于奔走洞庭一带,有长百余丈的大蛇,呼气吸人。东海岸边,还有封豨,其大如兕,这些怪兽都残害百姓。尧见羿才力非同一般,就拨给他三百兵士,去除掉这些妖怪。羿领兵来到东方大泽间,登上一山,发现狂风自西南而来。就命令百姓在门前挂一个十丈长的大旗,下面压上石头,大风一遇到大旗,就回转了。羿便随风而上,落到一座山峰上,见晔下有一形状像皮囊、色影白黄间杂的怪物,正张口呼暇,羿知道大风正是此物作怪,暗发一箭,射中怪物的额头,那怪物跑进洞内,一会儿又大喊:"谁敢射凤母?"

便挥舞拔风刀,直奔后羿而来。后羿拔剑迎战几个回合,往后一退,发箭射中怪物的膝部,那怪物才俯首称臣。怪物自称是风伯飞廉,因尧灭蚩尤,而心存怨恨,所以才来发难。羿告诉他,蚩尤残害百姓,自取灭亡。风伯对羿说:"天地间没有风如同人身体中无气,你告诉百姓,只要在门前挂一缴,风遇到缴,就不再肆虐了。"羿又通知百姓,在房上挂一个弓箭,以镇压恶风,风魔被除掉了。

羿领兵来到西河麟山，发现有三峰对峙，每个山峰上都有三只怪鸟，向东喷火。当太阳升到三竿高的时候，就又多出九轮妖日，开始在太阳下面，时间不长，竟和太阳聚在一处，使得大地像火炉一样炎热。

羿明白正是这九鸟作怪，连射九箭，均射中鸟的颈部，那九个妖日也化作赤云飞散，只有太阳独立中天。他决心为老百姓解除这个苦难。后羿登上昆仑山顶，运足气力，拉满神弓，"嗖——嗖——嗖——"一口气射下八只妖鸟。

他对天上最后一只妖鸟说："从今以后，你每天必须按时升起，按时落下，为民造福！"

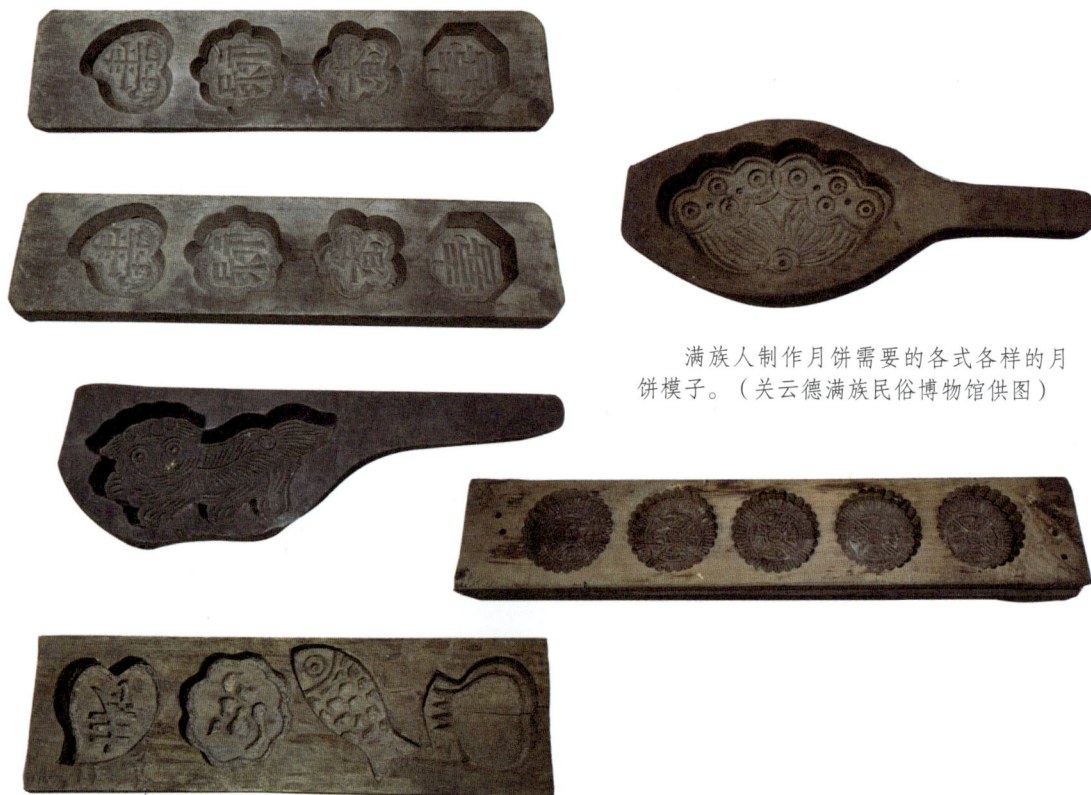

满族人制作月饼需要的各式各样的月饼模子。（关云德满族民俗博物馆供图）

神仙眷侣

后羿命令军士搜巡，发现有九块赤石上插了九支箭。之后，他又往并州进发，到了高梁，见洪水波浪滔天，后羿对波浪射击，水势稍稍减弱，后羿尾随追去，见一人着白衣玄器，骑着朱鬃白马，12 个童子陪侍离去。所经之处，雨水滂沱。后羿才知道是河伯的使者，刚才发的箭射中其左眼。其他水神也随之逐浪而散。愈流之中，见一女子奔走甚急，便发一箭，射中其发髻。那女子自称嫦娥，是河伯冰夷之妹。"感谢您赦我不死，愿留在您身边，服侍您。"后羿便带她回来见尧，尧非常高兴，就为他俩设宴完婚。嫦娥自此便和后羿过上了一段相亲相爱神仙眷侣般的日子。

不久之后，后羿带兵北探猰貐踪迹。在深山老林中，发现一头巨兽，虎面人身，直扑而来，匆忙之中，后羿猛射一箭，射中了怪兽的脚掌。那怪兽全然不顾，带着箭，继续扑向后羿。后羿跳上树去，乘着间隙，射中了兽的脊梁，那兽中箭掉到旁边的坑里，众兵士将怪兽吊起来，烤肉吃了。接着，前往洞庭湖边，寻那修蛇。后羿潜伏在草丛中，到了黄昏，闻到一股腥风，越来越近。后羿举弓一射，箭从蛇的左眼进，从右眼飞出。后羿又连发数箭，修蛇就断气了。走近一看，这蛇有千余丈长，后羿把它锯成千段，焚化烧炼。据说现在的巴丘，就是修蛇的积骨所成。从此，人间灾害尽除，百姓安乐，尧递封羿为平野侯。

后羿独居家里，听说南闽山中，西王母的女儿太武夫人得了九转丹法，在那里修炼，便去求道。到了南闽山后，得知太武夫人已随王母去了昆仑墟，他便也乘熏风至昆仑墟。见昆仑墟有九个门，有兽把守，怎么也进不去。就在这时，开明兽率兵来驱赶，他拉弓便射，开明兽垂尾跑回。羿拉弓又想再射，正在这时，门豁然洞开，一道姑打扮的人被数十女童簇拥而出，大喝一声："赤将不得无礼。"后羿定睛一看，见是西王母，连忙伏地请罪。王母请他进来，饮以华池之浆，问他："你来干什么？"

"听说王母有不死之药，求一二颗以解死气。"

王母说："此药不是容易得到的，即使有缘，也得静养几年才能飞升云外，如果性急吃下，会遭殃的。你为民除害，可以说与仙界有缘，小徒巫咸掌管此药，让他给你一颗，但你需静养一阵才能吃下。"羿带了金丹，回到家中，把药密藏在房梁间，从此终日静养。过了几个月，南方又出了一个怪人，齿长如凿，因此被称作凿齿，四处害人。帝尧遂命他前往除去此害。后羿服从君命，带兵南行，圈住凿齿住的洞穴，杀死了凿齿取其长齿而回。

后羿为老百姓除了很多灾害，百姓都很敬重他。很多人拜他为师，跟他学习武艺。有个叫逢蒙的人，为人奸诈贪婪，也随着众人拜在后羿门下。

后羿的妻子嫦娥是个美丽善良的女子。她经常接济生活贫苦的乡亲，乡亲们都非常喜欢她。

自后羿南行之后，嫦娥在家，独处无聊，便出来散心，忽见梁上白光旋舞，异香满室，非常奇怪。就驾起梯子，上去一看，见是金丹。想起来这是昆仑山上的西王母送给后羿一丸仙药。据说，人吃了这种药，不但能长生不老，还可以升天成仙。可是，后羿不愿意离开嫦娥，就将仙药藏在这里。

飞升广寒

但是这件事不知怎么被逢蒙知道了，他一心想把后羿的仙药弄到手。八月十五这天清晨，后羿要带弟子出门去，逢蒙假装生病，留了下来。到了晚上，逢蒙手提宝剑，迫不及待地闯进后羿家里，威逼嫦娥把仙药交出来。嫦娥心里想，让这样的人吃了长生不老药，不是要害更多的人吗？于是，她便机智地与逢蒙周旋。逢蒙见嫦娥不肯交出仙药，就翻箱倒柜，四处搜寻。嫦娥疾步爬上房梁，取出仙药，一口吞了下去。顿时觉得身轻似燕，栩栩如飞。忽然她觉着两腋生风，飘飘悠悠地飞了起来。她飞出了窗子，飞过了洒满银辉的郊野，越飞越高。碧蓝碧蓝的夜空挂着一轮明月，嫦娥一直朝着月亮飞去。

后羿外出回来，不见妻子嫦娥。忙问侍女，侍女告诉他夫人吃了白丹。他焦急地冲出门外，挽弓便来追赶，一阵罡风，就把他吹下来。只见皓月当空，圆圆的月亮上树影婆娑，一只玉兔在树下跳来跳去，妻子正站在一棵桂树旁深情地凝望着自己呢。"嫦娥！嫦娥！"后羿连声呼唤，不顾一切地朝着月亮追去。可是他向前追三步，月亮就向后退三步，怎么也追不上。

满族民居墙上精致的浮雕。

而飞上天的嫦娥来到一处琉璃世界。这里空旷无垠，只有一株丹桂。嫦娥顿生悲凉之感，不觉呕吐起来。吐出的，是云母外衣，随后化成一只兔子，色如白玉，嫦娥也就栖身于此。渴露华、饥食桂。

此时的嫦娥希望能够与后羿团聚。她的善行感动了东华帝君，东华帝君答应每年中秋节的时候，会在天上放一颗圆圆的月亮，以示纪念。东华帝君决定帮助嫦娥去到广寒宫。他寻一位长者，问他有没有什么办法可以把嫦娥送到广寒宫。长者告诉他：要想把嫦娥送到广寒宫，他需要找到一块玉兔石。

收获大葱。

东华帝君便告诉嫦娥，只要把玉兔石丢入湖里，就能够乘坐云朵去到广寒宫。在那个农历八月十五的夜晚，嫦娥来到湖边，把玉兔石扔进湖里，湖面波涛汹涌，嫦娥感觉到脚下地动山摇。就在这一瞬间，一道神奇的光芒冲天而起，把嫦娥带上了天空，直奔广寒宫。

后羿找不到嫦娥，便随风来到东华帝君的所在地，殿角宫墙，都是青玉做成。正犹疑间，有人叫他进去，他进去一看，见是东华帝君。东华帝君告诉他，"不要埋怨嫦娥窃取白丹，凡事总有定数。你尘世功行已满，可以入仙界了。嫦娥借你的力量，住在广寒，你曾有功于太阳，应当住在日宫。"于是命侍童端来赤苓糕、太阳玄符，告诉他说："你吃了这赤苓糕，就能不怕太阳真火，佩上此符，就可以入月府相会，要注意只可日就月，月不可就日。"后又赐给他一鸟，后羿便骑着鸟进入太阳之中。至夜晚，后羿才能与嫦娥相会。

之后后羿每晚都来广寒宫，白天回到日宫，他们度过了多年的快乐生活，忘记了时间的流逝。每个中秋节的晚上，他们都会出现在月亮上，守护着人们的幸福。

而人间的百姓们很想念好心的嫦娥和英雄后羿，每当中秋节的时候，在院子里摆上他们平日爱吃的食品，遥遥地为二人祝福。从此以后，每年八月十五，就成了人们企盼团圆的中秋佳节。人们会吃月饼，这是象征嫦娥回到月宫时带来的圆圆的月亮。人们聚集在一起，共享食物，赏月，并祈祷家庭的团圆与幸福。

一是早上吃饺子，晚上吃月饼。东北的人们非常重视这个习俗，吃完饺子要上地里干活儿。因为东北的中秋正是农忙的时候，白天在田里辛苦劳作，到了晚上吃月饼，用月饼来奖励白天辛苦干活儿的家人，在吉林的

乡村地区一直流传着一句话"不干活儿晚上回来别吃月饼",这句话是对这个现象最好的反映。

二是往坟上送灯。中秋节是人们丰收的时节,此时都要到先祖的坟前进行纪念,敬报这一年的辛苦没有白费,获得了丰收,向先人祈求来年的风调雨顺。

三是一起过丰收节。中秋节也是丰收节,人们用灯来表示获得丰收的喜悦,他们会穿上特色的民族服饰,打糍粑,唱歌跳舞,欢度中秋。

中秋节也有其他许多习俗。例如,人们会猜灯谜、赏月亮、击鼓传花、赛龙舟等等。这些习俗都代表着团圆、快乐和幸福。 中秋节起源于远古的传说和乡土文化,代表着人们对团圆和家庭幸福的渴望。

辛勤的朝鲜族女人正在晾晒明太鱼干。

正在绣花样的
汉族女性。

满族秧歌舞。

朝鲜族女孩儿也
会在这一天玩跳跳板。

正月十五

"灯火家家市，笙歌处处楼。""一曲笙歌春如海，千门灯火夜似昼。""作灯轮高二十丈，衣以锦绮，饰以金银，燃五万盏灯，簇之为花树。"

历代文人墨客赞美元宵花灯的诗句数不胜数，元宵节作为中国的传统节日，也有诸多的传说。

三元说

相传在2000多年前的西汉，凶禽猛兽很多，它们四处伤害人和牲畜，人们就组织起来去打它们，有一只神鸟因为迷路而降落人间，却意外地被不知情的猎人射死了。天帝知道后十分震怒，立即传旨，下令天兵于正月十五日到人间放火，把人间的人畜通通烧死。天帝的女儿心地善良，不忍

其塔木镇瓜尔佳氏祭祖仪式。（关云德满族民俗博物馆供图）

心看百姓无辜受难，于是冒着生命的危险，偷偷驾着祥云来到人间，把这个消息告诉了人们。众人听说了这个消息，犹如头上响了一个焦雷，吓得不知如何是好。过了好久，才有个老人家想出个法子，他说："在正月十四、十五、十六日这三天，每户人家都在家里张灯结彩、点响爆竹、燃放烟火。这样一来，天帝就会以为人们都被烧死了。"大家听了都点头称是，便分头准备去了。到了正月十五这天晚上，天帝往下一看，发觉人间一片红光，响声震天，连续三个夜晚都是如此，以为是大火燃烧的火焰，把人们烧死了。人们就这样保住了自己的生命及财产。为了纪念这次成功，从此每到正月十五，家家户户都悬挂灯笼，放烟火来纪念这个日子。

元宵燃灯的习俗也起源于道教的"三元说"。正月十五日为上元节，七月十五日为中元节，十月十五日为下元节。主管上、中、下三元的分别为天、地、人三官，天官喜乐，故上元节要燃灯。元宵节的节期与节俗活动是随历史的发展而延长、扩展的。就节期长短而言，汉代才一天，到唐代已为三天，宋代则长达五天，明代更是自初八点灯，一直到正月十七的夜里才落灯，整整十天。

还有一个传说是关于东方朔的。相传汉武帝有个宠臣名叫东方朔，他善良又风趣。有一年冬天，接连下了几天大雪，东方朔到御花园给武帝折梅花。刚进园门，就发现有个宫女泪流满面准备投井。东方朔慌忙上前搭救，并问明她要自杀的原因。原来，这个宫女名叫元宵，家里还有双亲和一个妹妹。自从她进宫以后，就再也无缘和家人见面。

每年到了腊尽春来的时节，她都比平常更加思念家人。她觉得不能在双亲跟前尽孝，不如一死了之。东方朔听了她的遭遇，深感同情，就向她保证，一定设法让她和家人团聚。

打渔楼村的人们在庆祝正月十五。

一天，东方朔出宫在长安街上摆了一个占卜摊，不少人都争着向他占卜求卦。不料，每个人所占所求，都是"正月十六火焚身"的签语。一时之间，坊间起了很大的恐慌。人们纷纷求问解灾的办法。东方朔就说："正月十三日傍晚，火神君会派一位赤衣神女下凡查访，她就是奉旨烧长安的使者，我把抄录的偈语给你们，可让当今天子想想办法。"说完，便扔下一张红帖，扬长而去。老百姓拿起红帖，赶紧送到皇宫去禀报汉武帝。

汉武帝接过来一看，只见上面写着："长安在劫，火焚帝阙，正月十五天火，焰红宵夜"，他心中大惊，连忙请来了足智多谋的东方朔。东方朔假意地想了一想，就说："听说火神君最爱吃汤圆，宫中的元宵不是经常给陛下做汤圆吗？正月十五晚上可让元宵做好汤圆，万岁焚香上供，传令京都家家都做汤圆，一齐敬奉火神君。再传谕臣民一起在正月十五晚上挂灯，满城点鞭炮、放烟火，好像满城大火，这样就可以瞒过玉帝了。此外，通知城外百姓，正月十五晚上进城观灯，夹在人群中消灾解难"。汉武帝听后，十分高兴，就传旨按东方朔的办法去做。

　　到了正月十五日，长安城里张灯结彩，游人熙来攘往，热闹非常。宫女元宵的父母也带着妹妹进城观灯。当他们看到写有"元宵"字样的大宫灯时，惊喜地高喊："元宵！元宵！"元宵听到喊声，终于和家里的亲人团聚了。

　　如此热闹了一夜，长安城果然平安无事。汉武帝大喜，便下令以后每到正月十五都做汤圆供火神君，全城挂灯放烟火，这天后来也被叫做元宵节。

复原后的满族人家装饰。（关云德满族民俗博物馆供图）

正月十五

55

欢度元宵

元宵节有诸多民间习俗，如吃元宵、挂灯、打灯、观灯等。这些习俗的来源也有很多故事。

相传，远古时候玉皇大帝为了一统人间，特派灶神菩萨长驻人间了解民情，每月逢三上天回禀。有年夏历冬月二十三日，灶神菩萨向玉帝回禀道："人间百姓一年三百六十五天都吃的是粗茶淡饭。每日辛勤劳动，从不歇息，长此下去，我担心他们会因过度疲劳累坏身体，不能生产，必将影响贡献。"玉帝闻奏即命群仙共商良策。太白金星奏道："陛下可命衲陀祖师下凡，给百姓们吃些药，让他们慢慢地发起病来，自然就会休息。"玉帝准奏，使命衲陀祖师下凡照此办理。

夏历腊月初八早上，衲陀祖师就偷偷在百姓们的饭锅里丢下了疯人药，药一下锅就变成大豆、豌豆、蒜苗、豆腐等，百姓们吃了，果真慢慢地"疯"了起来：女的缝新衣、绣花鞋；男的杀猪、宰羊，都不想下地干活儿。

过了腊月二十四日，疯人药药性大发。人们就东家请人吃饭，西家邀客喝酒。到了腊月三十日中午，百姓们都拿出各种好吃的食物，围在桌旁，大吃大喝起来。从正月初一起，男女老少不只吃好的，而且整日穿红戴绿到处玩耍。有的画着花脸，敲锣打鼓四处游街；有的邀约带着礼品，四面八方去拜年。

满族绣花鞋

正月十三日，灶神菩萨上天奏道："陛下，不好了，百姓们全疯了！光吃光耍，一样活儿不干，这样下去，如何得了。"玉帝闻奏，十分惊诧，即命群仙再议良策。太白金星又奏："若要治好百姓的疯病，可令药王菩萨设法。"玉帝准奏，即令药王菩萨下凡治理。

正月十四日晚，药王菩萨就将百姓的夜餐变成了汤圆，里面放些芝

麻、核桃、白糖等清醒剂，百姓们吃了，第二天早上疯病全好了，家家照旧男耕女织，恢复了往常的劳动。

就这样周而复始地延续下去，形成了过年吃元宵的习惯。

每年元宵节，民间有闹花灯的习俗，故也称灯节。

闹花灯是元宵节传统习俗，始于西汉，兴盛于隋唐。隋唐以后，历代灯火之风盛行，并沿袭传于后世。而正月十五，又是一年一度的闹花灯放烟火的高潮。所以也把元宵节称为灯节。在山西的县城一级城廓甚至乡镇中，居民的集中地，繁华热闹区，在正月十五到来之前，都会挂满灯笼，到处花团锦簇，灯光摇曳，到正月十五晚上达到高潮。"观灯"已经成为他们自发的活动，在正月十五晚上，街头巷尾，红灯高挂，有宫灯、兽头灯、走马灯、花卉灯、鸟禽灯等等，吸引着众多观灯的群众。

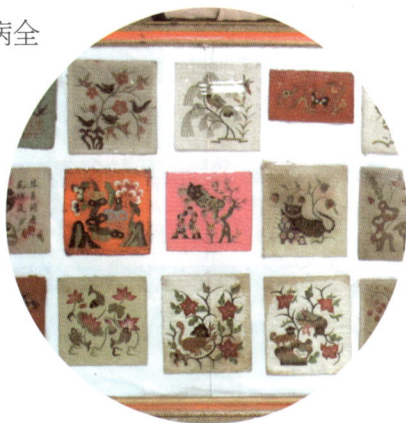

满族女性会用绣花来打发冬季的漫漫长夜。（关云德满族民俗博物馆供图）

正月十五

57

多彩元宵

　　猜灯谜又称打灯谜，是中国独有的富有民族风格的一种传统民俗文娱活动，也是从古代就开始流传的元宵节特色活动。每逢农历正月十五，传统民间都要挂起彩灯，燃放焰火，后来有好事者把谜语写在纸条上，贴在五光十色的彩灯上供人猜。因为谜语能启迪智慧又迎合节日气氛，所以响应的人众多，而后猜谜逐渐成为元宵节不可缺少的节目。灯谜增添节日气氛，展现了古代劳动人民的聪明才智和对美好生活的向往。

　　耍龙灯，也称舞龙灯或龙舞。见于文字记载的龙舞，是汉代张衡的《西京赋》，作者在百戏的铺叙中对龙舞作了生动的描绘。华夏崇尚龙，把龙作为吉祥的象征。

　　而耍龙灯还有一个美丽的传说。从前，人间风调雨顺，王母娘娘趁着天气好，就开了一个盛大的宴会。但是，玉帝很爱喝酒，而且一喝就喝得酩酊大醉。这一天他又喝醉了。宴会结束后，他又忙着写雨簿，一时疏忽，把雨簿写错了。这下人间可大乱了。有的地方洪水暴发，有的地方干旱。有条青龙知道了，悄悄地飞上天，偷偷改了雨簿，发现这时，玉帝也察觉到雨簿写错了，打开了雨簿。发现了雨簿好像被人改了！他马上派人查找是谁改了雨簿，最后，他才知道是青龙改的。他很生气，所以，他马上派人到凡间去追杀青龙。

　　追兵来到凡间，用尽了各种办法找到了青龙最后处死了它。死后的青龙化作一只神鸟，天天在灵宵殿外哭泣，玉帝很内疚，明明是自己写错了雨簿，还要处死给自己改错的青龙，所以，玉帝让百姓们隆重纪念为民造福的青龙。从此，每到正月十五元宵节，老百姓就会用竹子扎成龙灯，家家户户张灯结彩，扛着龙灯游街串巷，以表示对青龙的感激和怀念。

　　舞狮子始于魏晋，盛于唐，又称"狮子舞""太平乐"，一般由三人完成，二人装扮成狮子，一人充当狮头，一人充当狮身和后脚，另一人当引狮人。舞法上又有文武之分，文舞表现狮子的温驯，有抖毛、打滚等动作，武狮表现狮子的凶猛，有腾跃、蹬高、滚彩球等动作。

　　划旱船，也称跑旱船，就是在陆地上模仿船行驶的动作，表演跑旱船的大多是姑娘。旱船不是真船，多用两片薄板，锯成船形，以竹木扎成，再蒙以彩布，套系在姑娘的腰间，如同坐于船中一样，手里拿着桨，做划行的姿势，一面跑，一面唱些地方小调，边歌边舞，这就是划旱船了。有时还另有一男子扮成坐船的船客，搭档着表演，男子则多半扮成丑角，以各种滑稽的动作来逗观众欢乐。划旱船流行于中国很多地区。

　　传说为修洛阳桥，玉皇大帝派主管土木工程的神仙下凡到洛阳督办修桥事宜，修到一半时所带银两已经全部花光，不仅没有了工钱支付工匠，而且连自己的盘缠都成了很大的问题。于是玉皇大帝根据奏请，派王母娘娘去找鲁班造一只大船。

　　鲁班得到授意，跑到月宫里砍了一棵梭椤树，造了一条非常精美雅致的莲花船，由王母娘娘坐在船的中央下凡到人间去给人们贺新春。人们都想一睹王母娘娘闭月羞花之貌，纷纷向船上抛撒金银首饰和银两，待船上装满了银两，便满载这些银两高兴而去，之后用这些银两修好了洛阳桥。

　　后来，民间百姓为纪念天宫造福百姓，每年新春贺岁时便以玩采莲船的形式来表演。

朝鲜族人喝酱汤抵御严寒。

满族枕头顶刺绣。

元宵节发展至今已经形成诸多习俗，节日氛围也越来越浓厚，在弘扬优秀传统文化的背景下，元宵节日益受到人们的重视。

吉林过正月十五有许多有趣好玩儿的习俗：一是走百步，人们在吃完元宵之后走百步，虽然字面意思上说一百步，但其实重要的不是步数，而是督促人们在吃饱饭之后要活动活动身体，促进粘食的消化。正月十五走百步，寓意一年都会吉祥如意平安幸福。

二是制作各种不同的灯用来纪念先辈，包括珍珠翡翠灯、天下太平灯。珍珠翡翠灯是用蔬果雕刻的灯，一般是用萝卜、南瓜、土豆这些较大的瓜果进行雕刻，就地取材，便于雕刻。天下太平灯是一个统称，其实际意义是用来纪念抗战时期的先烈们。

抗战时期杨靖宇受党中央委托到东北组织抗日联军，历任抗日联军总指挥、政委等职。他带领抗联第一路军进行了艰苦卓绝的战斗。他在冰天雪地、弹尽粮绝的情况下，孤身一人与大量日寇周旋，战斗几昼夜后，在濛江县（今吉林省靖宇县）壮烈牺牲。

杨靖宇塑像。

朱德题词的英雄纪念碑。

杨靖宇将军殉国地纪念碑

用食物制作杨靖宇祭祀用品的乡亲。

杨靖宇将军半身像。（来源于杨靖宇将军纪念馆）

重阳节

重阳节，又称"踏秋"，中国传统节日。庆祝重阳节一般会包括出游赏景、登高远眺、观赏菊花、遍插茱萸、吃重阳糕、饮菊花酒等活动。

每年的农历九月初九，也是中国传统四大祭祖的节日。重阳节早在战国时期就已经形成，到了唐代，重阳节被正式定为民间的节日，沿袭至今。

桓景除害

　　至于重阳节的来历，也有许多故事和传说。

　　相传在东汉时期，汝河边的一个村子里，住着一个小伙子，名叫桓景。他家里有父母和妻子，一家人和和睦睦，日子过得十分快乐。一年，汝河里忽然出了一个瘟魔，岸边很多村庄瘟疫肆虐，死了很多人。看到乡亲们不断死去，恒景非常着急，遂决定求仙学艺，为民除害。桓景回到家里告别父母和妻子，一个人上路去了。

　　桓景访遍了天下名山，才在东南方的山中寻访到一个叫费长房的神仙。他一路走，一路打听，翻过了一座又一座山，蹚过了一条又一条河，磨破了一双又一双鞋，终于见到了费长房。费长房和蔼地对他说："我看你一心想为民除害，就收下你这个徒弟吧。"

　　他交给桓景一把青龙剑，又教他降魔的武艺。桓景每天勤学苦练，终于把剑术练得炉火纯青。有一天，费长房把桓景叫到跟前去说："今年九月初九，瘟魔又要出来害人。你赶紧回乡为民除害去吧！"

　　他送了桓景一包茱萸叶、一瓶菊花酒，又嘱咐了几句"先让乡亲们登高避灾，然后再去斩妖除魔。"随后用手招来一只仙鹤，把桓景载回了家乡。九月九日那天，桓景带着全村老小登上附近的一座山。他把茱萸叶分给大家，使瘟魔不敢近前，又把菊花酒倒出来，让每人喝一口。安排妥当后，他就带着青龙剑回到村中，等着斩杀瘟魔。中午时分，随着几声怪叫，瘟魔爬上了河岸，趾高气扬地走进村里。他发现村里一个人也没有，

朝鲜族独特的体育竞技运动——荡秋千。

就四处张望，最后发现村民们都躲在山上，便狂叫着向山上冲去。刚到山脚下，突然一阵浓郁的茱萸叶香和菊花酒气迎面扑来，瘟魔顿时头晕眼花，哼哼呀呀地在原地打转。桓景手持宝剑从山上直冲下来，和瘟魔展开了搏斗。瘟魔见势不妙，转身就逃。桓景对准他的后背嗖地掷出宝剑，哧的一声就把他扎死了。从此，汝河两岸再也不闹瘟疫了，这一天是农历九月初九。此后每年的这一天，人们便举行登高、插茱萸、喝菊花酒等活动，来纪念桓景铲除瘟魔、为民除害。因为九月初九又是重阳日，所以人们就把这一天叫做重阳节。

登高辟邪

重阳节首先有登高的习俗，金秋九月，天高气爽，这个季节登高远望可达到镇压凶气、战胜凶气的目的。重阳节的主要仪式活动就是登高以及相关的活动。

传说在东汉时期，有一位农民刚从地里出来回家，就碰上个算卦先生，因为天快黑了，这先生还没找上歇脚处。主人家里很小，只有个草棚子房，于是就在灶房里打了个草铺，让妻子儿女都在草铺上睡，自己陪着算卦先生睡在炕上。

第二天天刚亮，算卦先生要走，主人叫醒妻子给先生做了一顿饭，又给先生装了一袋白蒸馍。算卦先生出了门，看了看主人住的地方，叮咛他说："到九月九，全家高处走。"主人想，我平日没做啥怪事，又不想升官，往高处走干什么呢？但又一想，人常说算命先生会看风水，精通天文，说不定我住的地方会出啥问题。到了九月九，就到高处走一走吧，权当让家人看看风景。

到了九月九，主人就带着妻子儿女背上花糕香酒，登上骊山高峰去游玩。等他们上山后突然冒出一股泉水直冲他家，把他家的草棚子一下子就冲垮了。不一会儿，整条山沟都被淹了，主人家这才明白算卦先生为什么让他全家九月九登高了。

这件事传开后，人们就每逢九月九，扶老携幼去登高，登高所到之处，一般是高山、高塔。意为躲避灾祸，离开平日生活的环境，躲避凶气的捕捉。相传这一天里还会有瘟气降临，人们要离开自己的家，尽可能到高处去，才能平安。因此相沿成俗，一直流传到今。

重阳节的另一个活动，是在头上插茱萸。茱萸是一种中草药，和艾草一样具有消毒的作用，也不乏伪装的意义。它强调的是全家躲避，要数一数是不是丢下了一个人，被丢下的人就会被瘟神捉走。重阳节插茱萸的风俗，在唐代就已经很普遍。古人认为在重阳节这一天插茱萸可以避难消灾，佩带于臂，或把茱萸放在里面做成香袋佩戴，还有插在头上的。大多是妇女、儿童佩戴茱萸，有些地方，男子也佩戴。

此处还有赏菊作诗，菊是应时的花草，在"霜降之时，唯此草盛茂"，因此菊被古人视为"候时之草"，并且由于菊之独特品性，是一种生命力的象征。独立塞秋的菊花，在古人眼里有着不寻常的文化意义，它在仙道方家眼中是"延寿客""不老草"。因此，赏菊与饮菊花酒也成为重阳的节俗之一。

大诗人陶渊明酷爱菊花，菊花是经得起秋后风霜摧折的花卉，象征着高洁的品格。陶渊明生活在乱世，他不满当时的政治倾向和官吏的腐败，他具有高洁的品格，正和菊花的精神契合。于是辞去官职，回到家乡柴桑隐居，在宅旁东篱边种了许多菊花，朝夕观赏。他的名句"采菊东篱下，

悠然见南山"，历来为人传颂。陶渊明喜欢喝酒，可是因为家贫，时常缺酒。那年重阳，陶渊明在篱边赏菊，却没有酒喝，不能一醉，他只得采了一把菊花拿在手里，嗅嗅嚼嚼，聊以为遣。然而菊花毕竟不能代酒，陶渊明正在百无聊赖的时候，忽然远处来了一个白衣人，那人原是江州刺史王弘派来的差人，特地过来与陶渊明一起过节并登高作诗，随后二人便忘了饮酒之事，一起欢度重阳。

在东晋时，还有著名的"龙山落帽"故事。东晋时，北方豪强士族南逃，偏安江左。江陵为长江中游政治军事重镇，荆州刺史治所终置江陵。江陵城由此又称荆州城。其时江陵镇将，往往拥兵自重，成为左右朝中局势的重要人物。晋明帝的女婿桓温就是这样一个人物。他最初不过是郡守，永和年间，他谋得荆州刺史，将关羽所筑城池与原有古城联结，随即以江陵为根基，掌握长江中游兵权，数次率师西征北伐，于是晋爵为南郡公，官至大司马，都督全国军事，权势显赫。其弟桓豁、桓冲亦相继为荆州刺史，镇守江陵。桓温死后，他的儿子桓玄嗣为南郡公。桓氏得江陵地利物产，实力雄厚，最终桓玄自立称帝。有一年重阳节，桓温照例率领幕僚到龙山登高，饮酒赏菊吃九黄饼，他的参军孟嘉也在其中。而孟嘉是东晋时代的著名文人。大将军桓温与宾客幕僚在山顶大摆筵席，饮酒赋诗。出席节宴的人都衣冠楚楚，穿戴整齐，杯盏相酬，兴致很高。突然，一阵风刮过，把孟嘉头上的帽子吹落在地。

孟嘉这时已有几分醉意，竟然没有察觉帽子已不在头上。但主人桓温已经看见了，便叫在座的孙盛作文章嘲笑他。孙盛也是当时很有名的文人，他遵照桓温的命令，在席间写了一篇文章责难孟嘉。没料到孟嘉虽已酒醉，但神志不乱，依然文思敏捷。孙盛的文章刚作好，他草草一看，立刻提起笔来，作了一篇文章酬答。满座的人读了他的文章，都感叹称好，一时传为美谈。

赏菊并饮

畅饮菊花酒，重阳佳节，中国有饮菊花酒的传统习俗。菊花酒，在古代被看作是重阳必饮、祛灾祈福的"吉祥酒"。

很早以前，大运河边住着一个善良的农夫叫阿牛。阿牛家里很穷，他七岁就没了父亲，靠母亲纺织度日。阿牛的母亲因丧夫子幼，生活艰辛，经常哭泣，把眼睛都哭瞎了。为治好母亲的眼病，阿牛一边给财主做工，一边起早摸黑开荒种菜，靠卖菜换些钱给母亲求医买药。也不知吃了多少药，母亲的眼病仍不见好转。

一天夜里，阿牛做了一个梦，梦见一个姑娘来帮他种菜，并告诉他说："沿运河往西数十里，有个天花荡，荡中有一株白色的菊花，能治眼病。这花儿要九月初九重阳节才开放，到时候你用这花儿煎汤给你母亲吃，定能治好她的眼病。"

重阳节那天，阿牛带了干粮，去天花荡寻找白菊花。原来这是一个长满野草的荒荡，人称天荒荡。他在那里找了很久，只有黄菊花，就是不见白菊花，一直找到下午，才在草荡一个小土墩旁的草丛中找到一株白色的野菊花。这株白菊花长得很特别，一梗九分枝，眼前只开一朵花儿，其余八朵含苞待放。阿牛便将这株白菊花连根带土挖了回来，移种在自家屋旁。经他浇水养护，不久八枚花朵也陆续绽开，又香又好看。于是他每天采下一朵白菊煎汤给母亲服用。当吃完了第七朵菊花之后，阿牛母亲的眼睛便开始复明了。

姑娘又继续在梦中介绍种植菊花的方法。

姑娘说："我是天上的菊花仙子，特来助你，你只要按照一首《种菊谣》去做，白菊花定会种活。"接着菊花仙子说道："三分四平头，五月水淋头，六月甩料头，七八捂墩头，九月滚绣球。"说完就不见了。

阿牛回到屋里仔细推敲菊花仙子的《种菊谣》，终于悟出了其中的意思：种白菊要在三月移植，四月掐头，五月多浇水，六月勤施肥，七月八月护好根，这样九月就能开出绣球状的菊花。

阿牛按照菊花仙子的指点去做了，后来菊花老根上果然长出了不少枝条。他又剪下这些枝插，再按《种菊谣》的方法去栽培，第二年九月初九重阳节便开出了一朵朵芬芳四溢的白菊花。

后来阿牛将种菊的方法教给了村上的穷百姓，这一带种白菊花的人就越来越多了。因为阿牛是九月初九找到这株白菊花的，所以后来人们就将九月九称作菊花节，并形成了赏菊花、饮菊花酒的习俗。

如今，重阳节的美好寓意主要是登高赏秋与感恩敬老两方面。古时候人们认为九九重阳是非常吉祥的日子，民间在重阳节期间有登高祈福、秋游赏菊、插茱萸、拜神祭祖等习俗，传承至今，又添加了敬老的含义，每到这个时候都会有人倡导全社会尊老、敬老、爱老、助老。农历九月初九被定为"敬老节"。后重阳节被国务院列入首批国家级非物质文化遗产名录。

吉林地区的人们在过重阳节的时候十分尊重长辈，其中最有民俗特色的便是延边州的老人节，其有特殊的意义。每当到了重阳节这一天，延边州的百姓们都要给老人的祝寿，老人们穿上鲜艳的民族服饰到喜欢的公园广场唱歌、跳舞。而子女们为了讨老人们欢心，也会换上鲜艳的民俗服饰跟着老人们一起跳舞。

秧歌、踩高跷

打渔楼村的东北秧歌。

秧歌舞大地

"打起鼓来敲起锣，唢呐一吹心气活"，这是东北秧歌最真实的写照。有关秧歌的来源主要有两个，一个是指在农事劳动过程中，为了减轻面朝黄土背朝天的劳作之苦，所以唱歌，渐渐就形成了秧歌。另一种说法是起源于抗洪斗争。古代黄河两岸的人民为了生存，抗洪救灾，取得胜利后，人民就高兴地拿起抗洪的工具唱起来，舞起来，随着参加的人越来越多，逐渐形成了秧歌。而且随着秧歌的发展，全国各地都出现了具有当地特色的秧歌舞蹈，如东北秧歌、华北秧歌、陕北秧歌、高平秧歌等等。

秧歌是北方劳动人民长期创造积累的艺术财富，它起源于插秧耕田的劳动生活，又和古代祭祀农神祈求丰收，祈福禳灾时所唱的颂歌、禳歌有关，并在发展过程中不断吸收农歌、菱歌、民间武术、杂技以及戏曲的技艺与形式，从而由一般的演唱秧歌发展到今天广大群众喜闻乐见的一种民间歌舞。

东北秧歌形式诙谐，风格独特，广袤的黑土地赋予它纯朴而豪放的灵性和风情，融泼辣、幽默、文静、稳重于一体，将东北人民热情质朴、刚柔并济的性格特点挥洒得淋漓尽致。"稳中浪、浪中梗、梗中翘、踩在板上、扭在腰上"是东北秧歌的最大特点。同时，花样繁多的"手中花儿"，节奏明快富有弹性的鼓点，哏、俏、幽、稳、美的韵律，都是东北秧歌的特色。而东北秧歌队的服装色彩丰富，多以戏剧服装为主。从装束上即可判断人物角色，有《西游记》中的唐僧、孙悟空、猪八戒和沙僧；《白蛇传》中的白娘子、许仙，还有包拯、陈世美、秦香莲等。伴着锣、鼓、镲、唢呐奏出曲调。各种舞蹈中尤以踩高跷、舞龙、舞狮、跑旱船最为著名。

关于华北秧歌。李炳卫等《民社北平指南》所记北京"秧歌会"："全班角色皆彩扮成戏，并踩高跷，超出人群之上。其中角色更分十部：陀头和尚、傻公子、老作子、小二格、柴翁、渔翁、卖膏药、渔婆、俊锣、丑鼓。以上十部，因锣鼓作对，共为十二单个组成。各角色滑稽逗笑，鼓舞合奏，极尽贡献艺

打渔楼村的东北秧歌。

秧歌、踩高跷

71

术之天职。"所谓"傻公子",即东北秧歌中的"沙公子",或《沧县志》中的"公子"。

河南地区的秧歌有回民秧歌、军庄秧歌、大营秧歌等。"回民秧歌"是河南省为数不多的回族民间舞蹈,风格与汉族传统秧歌有区别。回民秧歌分布在周口项城的南顿集。据秧歌老艺人马仁杰(已去世)所述,回民秧歌在南顿代代流传,到他这一代,仅马姓家族也有七八代了,有记载的流传时间约200年。而军庄秧歌源于乾隆时期,是一种集歌、舞、戏于一体的民间艺术。

高平秧歌源于高平市东南乡,流行于高平全境及晋城、陵川等邻近县。演唱时只有梆子击节、锣鼓伴奏,故又称"干板秧歌"。由坐摊说唱发展为一个独立的剧种。演员行当齐全,板式有十字腔(三三四)、夹四腔(三四三)、倒板、垛子、双名倒(三三七)、站板、落板、数板、选板等。代表剧目有《打

花样繁多的"手中花儿"。

捧捶》《打酸枣》。秧歌剧针砭时弊。同治年间明令禁唱。作家赵树理十分喜爱秧歌剧,曾编写秧歌剧本《开渠》。

西北秧歌表演,有所谓"白髯、花面、红缨帽,白皮短褂反穿,手执伞灯领队"者,相当于东北秧歌中"反穿皮褂"的前导者、华北秧歌中"长袍短褂、皂靴羽缨、持红罗伞者"。所谓"浪子"与"娼妓",大概相当于华北秧歌中的"公子"和"美女"。

在晋西和陕北,流行着一种"伞头秧歌",秧歌队中有一位举足轻重的歌手,左手摇响环,右手执花伞,俗称伞头,是一支秧歌队的统领,其主要职责是指挥全局、编排节目,带领秧歌队排街、走院、掏场子,并代表秧歌队即兴编唱秧歌答谢致意。

陕北地区把灯节活动称作"闹秧歌",各村的秧歌队在一名持伞的"伞头"带领下,和着锣鼓声的节拍起舞,跑大场(群舞)、演小场(双人、三人舞),到各家表演,以此贺新春,祈丰年。领舞的伞头要善于领唱传统的歌词以及

因地制宜即兴编唱新词，以适应不同场合的需要。一般是先唱后舞，演唱时，众队员重复他所唱的最后一句。灯节期间，当地还要设置名为"九曲黄河灯"（俗称"转九曲"）的灯阵。陕西榆林保宁堡乡和米脂县郭辛庄的老秧歌，称"神会秧歌"。每年春节活动前，秧歌队在神会会长率领下去敬神谒庙，第二天才开始挨户依门地进院入户拜年，人们称为"沿门子"，以求消灾免难、吉祥平安。

湖北秧歌有房县元宵上演的秧歌灯，民国时湖南《嘉禾县图志》记载："秧歌，一谓之'花灯'，饰童男女相对唱跳，金鼓喇叭与身手相凑，类于衡州马灯矣。其风至十五日止，谓之'耍元宵'。"

秧歌、踩高跷

"打起鼓来敲起锣，唢呐一吹心气活"，这是东北秧歌最真实的写照。

智斗恶县令

与扭秧歌一起而来的便是踩高跷了，二者几乎是相辅相成的关系，但凡在扭秧歌的时节，身旁便有踩高跷的影子，踩高跷是民间盛行的一种群众性技艺表演。高跷本属中国古代百戏之一，早在春秋时就已经出现。中国最早介绍高跷的是《列子·说符》篇："宋有兰子者，以技干宋元。宋元召而使见其技。"

而踩高跷的来由则有两则十分有趣的小故事。从前，陕西雨金城里头的人与东关、西关的人都很要好，每年都要联合起来办社火，相互祝愿生意兴隆，五谷丰登。西关人们喜欢办马上戏，东关人常办桌上蕊子。城里人帮他们敲锣鼓。因此每到年节，城乡十分热闹。

东北秧歌队的服装色彩丰富。

有一年的年关，城里城外各方遵照惯例都办好了社火，准备初一热热闹闹游街串巷。谁知城里回来了个在外地作官的人，他得知城里城外联合办社火的消息，便想了个发财的主意。因为合办社火，城外人要进城，城里人要出城。来往行人，必须通过四大城门，但这四大城门外护城河上的板桥却是在这官老爷他手里的。因此他规定凡是过桥的社火队和村民，每人付银三钱。大年三十之夜，他便吊起了东、西、南、北四门的板桥，并命人关了南北二城门。

初一早晨，社火队来到城下，不知城里人出了什么毛病，正要喊话。这时守吊桥的却传下话来："老爷有言，过桥要钱，一人三钱，不许拖延。"城外的社火头儿听了，十分生气，但今年社火办得好，不进城去实

各角色滑稽逗笑。

在不甘，但也得忍了这口气，只有返回西关凑够进城的银子。谁知银两拿来，守吊桥的人又提了价，他大喊道："老爷有话，中午涨价，一人三两，干银要响。"办社火的人听了，满腔怒气，为了争气，又返回西关，又凑够了过桥的银子。谁知价又涨了。守桥的人又说："老爷收薪，一人三斤。要过此桥，不欠分文。"社火头儿一听，头都大了，他对大伙儿说："这城里做官的，心太狠了，干脆收拾摊子打拆戏，今后社火不办了。"

话说这社火头儿有个儿子。机智多谋，胆大心细。他想如果不办社火了，势必让城里城外的人分心。他想起那个作官的人刁难他父亲，砸社火摊子，很是气愤。为了想法过护城河，他一夜没睡。终究想了个过河的办法。这天夜里，

秧歌、踩高跷

75

他看到自家墙挂了一幅画，画上有两只长腿白鹤，一只站在水中，一只立在树枝上。他想如果给自己也接上两只长腿，不就可以站在水中，蹚过河去吗？于是他走到河边，用竹杆探了探水位，回到家中，找了两根又细又轻的柳木棍，做上脚踏，绑在自己的腿上，拄了根竹杆沿城走了一圈。天亮了，他走下护城河去。这时守吊桥的看到了，忙告诉给那个做官的。这事儿也惊动了城里的人，不一会儿，城墙上挤满了人。做官的在手下人的簇拥下，也上了城，刚站在城垛角看时，忽地一下，被后面一拥，栽到城下去了。家人一看，老爷掉下城了，便命人放下吊桥，西关和东关的社火队乘他们救官老爷之机进了城。城里城外的人又联合起来了，城乡又是一番热闹景象。

到了这年正月十五，社火队里又添了个新节目：许多小伙儿都绑上这高腿，排了长长一队，有人说这节目叫"走柳木腿"，因为腿上绑的是柳木棍；有人说这叫"走高桥"，因为绑上棍，站在桥下还比桥高；有的说，人升高了，蹚得远，这叫"高跷"。

高跷驱敌

还有一则是关于镇守边关的将军用高跷驱除外敌的故事。相传，有一年，将军带兵在外，外敌突然侵犯甘州，将军闻讯，亲自挂帅出征。率兵赶到城门时，敌军已经把护城河上的桥拆了，部队无法攻进城去。一天傍晚，将军走出军营，突然从正在河边觅食的大雁的腿上受到启发，回营后让人砍来许多柳木棒，令将士们绑在腿上练习走路。第二天深夜，将士们踩着高高的柳木棒，过了护城河，乘敌军不备，一举收复甘州城。天亮后，将军与部下踩着柳木棒举行入城仪式，以

东北秧歌将东北人民热情质朴、刚柔并济的性格特征挥洒得淋漓尽致。

庆贺胜利。此后，每逢庆贺的日子，老百姓也学样踩起了柳木棒。因发明这个东西的将军姓高，人们就叫它"高跷"，以此纪念高将军。

秧歌和高跷在中国已有千年的历史，明清之际达到了鼎盛期。清代吴锡麟《新年杂咏抄》载："秧歌，南宋灯宵之村田乐也"。

漏粉秧歌《水中取财》

农耕文化的漏粉，也有自己的秧歌，叫《水中取财》。

【开场式】

布谷一声啼呦柳牙冒尖尖

红沙地里犁成排老牛也撒欢

土豆栽子一埯埯盖上这黑花被呦

整齐行进的秧歌队。

咱粉乡人要耕织呦他织起个幸福的天

【唱】

土豆花开花开遍野漫青山

垄台咧嘴鼓了肚要生金蛋蛋

五谷丰登土豆存满满

男女老少笑得那个甜

粉花飘香飘香一年又一年

磨房里毛驴拉磨不停转圈圈

太阳底下晾粉坨荧光透溢彩

粉匠大工绕着大缸忙把面子搋

大粉匠跳上锅台把瓢端

瓢走龙蛇比秧歌扭得欢

叫瓢声啪啪响粉条直往锅里钻

屋里屋外挤挤插插都把热闹看

【唱白】

坡上人间烟火气

坡下薯花开满地

西山头哇义发坎

吴麻席来三不管

大房身哟西伏山

兰粉房的故事三青山

【唱】

粉花飘香飘香一年又一年

磨房里毛驴拉磨不停转圈圈

太阳底下晾粉坨荧光透溢彩

粉匠大工绕着大缸忙把面子掀

晾晒场上热火朝天唱丰年

一桄桄的粉丝飘舞荡如帆

小伙子偷偷钻粉杆晾晒场里对上眼

秧歌、踩高跷

79

粉娘织丝娇羞得红晕爬上了脸
爬上脸呦

【圆大场】
碧水捞银丝青山种金蛋
最后的粉匠村落三青山
水中取财日子赛蜜甜
传世手艺托起咱富足的天
传世手艺托起咱富足的天

每逢重大节日，城乡都组织秧歌队，拜年问好，互相祝福、娱乐。另外，不同的村邻之间还会扭起秧歌、踩高跷互相访拜，比歌赛舞。秧歌、踩高跷是中国农村流行的一种民间舞蹈活动。每逢节日，大家在锣鼓的伴奏声中，边歌边舞，以此抒发愉悦的心情，表达对美好生活的憧憬。

秧歌、踩高跷

那达慕大会

那达慕开始前，需要向长生天祈祷。

　　"那达慕"系蒙古语，是娱乐、游艺的意思。那达慕在蒙古族人们生活中占有重要地位。

　　最早记载那达慕活动的是畏兀儿蒙文。当时那达慕祝颂词中说："得心应手的马头琴声，悠扬动听；洁白无暇的哈达闪闪发光；传统的三项'那达'、接连不断；蒙古族力士，整队上场"。公元1225年铭刻在石崖上的《成吉思汗石文》上记载：成吉思汗征服了花剌子模后，在布哈苏齐海举行了一次盛大的那达慕大会，以庆祝胜利。

那达慕大会，是中国蒙古族人们传统的盛大节日，也被称为"纳达慕"，是蒙古族人们表达情感、传承文化的重要平台。这一独特而美丽的草原文化盛会蕴含着丰富的历史、文化内涵，展示了草原民族的智慧、勇气和团结精神。

那达慕大会的表演，极具草原风情。

那达慕大会

83

草原盛会

那达慕大会起源于古代蒙古族人民的狩猎和牧业生活。古代蒙古族人们为了庆祝丰收、祈求富饶和驱逐灾难，会在特定时间聚集在草原上举行盛大的祭祀仪式。随着时间的推移，这些仪式逐渐演变成了那达慕大会。那达慕在蒙古语中意为"娱乐"或"游戏"，因此大会不仅包含了祭祀仪式，还融入了各种传统的娱乐活动。

那达慕大会的历史可以追溯到数百年前，是蒙古族人民的一项重要传统。在清朝时期，那达慕大会成为皇帝赐给蒙古各部落的官方节庆。那达慕逐步演变为官方定期召集的有组织、有目的的草原盛会，其规模、形式和内容都得到了较快的发展。

当时，蒙古族王公贵族，以各个旗或努图克、苏木为单位，每年或三年举行一次那达慕大会，对于"草原三艺"比赛中的胜者分别奖给全鞍马、牛羊等奖品。

随着社会的发展，那达慕大会在 20 世纪得到了进一步的规范和传承，成为了一项正式的草原文化盛会。那达慕大会真正成为劳动人民的盛会。蒙古族群众有组织地开展文体活动、商贸活动，成为草原上隆重热烈的民族节庆活动。

那达慕大会是草原文化的传承与凝聚的平台。草原是蒙古族人民的故乡，是他们生活、繁衍和创造的地方。那达慕大会将各个部落的人们聚集在一起，通过祭祀、比赛、歌舞等活动，传承着草原人民的智慧、价值观和生活方式。这种传承使草原文化得以延续，也增强了蒙古族人民的文化认同感和凝聚力。

那达慕大会是草原人民团结与友谊的象征。草原环境的特殊性使部落之间需要相互帮助，共同抵御自然灾害。那达慕大会为不同部落提供了一个交流的平台，让人们互通有无、分享经验，加强了部落之间的联系和友谊。这种团结与友谊不仅体现在比赛中，也反映在节日的氛围中。

那达慕大会强调着人与草原、自然的和谐共生。草原是蒙古族人民赖以生存的环境，而草原的生态系统也对人类的生活产生着重要影响。在大会中，人们通过祭祀仪式表达对大自然的感恩之情，同时也倡导保护草原环境，避免过度开发和破坏。

那达慕大会之所以成为草原上的盛会，不仅因为其丰富多彩的活动，更因为它蕴含着草原文化的深刻内涵。草原文化的传承、团结友谊的培养以及草原生态的尊重与保护，共同构成了那达慕大会的独特魅力，也让它成为草原上不可或缺的重要节日。

那达慕大会，是草原上的瑰宝，凝聚着草原人民的智慧和梦想，向世界展示了一个丰富多彩的文化景观。它是草原的骄傲，也是人类文化多样性的宝贵财富。让我们怀揣敬意和喜爱，一同感受那达慕带来的美好，将草原的瑰宝永远珍藏在心底。

参加那达慕大会欢乐的孩子们

多彩文化

那达慕大会通常持续数天，大会的活动内容丰富多彩，主要竞技活动有摔跤、射箭、赛马三项，被称为蒙古族男子"三艺"，蒙古语称"额勒、那达慕"。

作为传统的草原祭祀节日，那达慕大会中的祭祀仪式是重要的环节。人们会祭奠祖先、祈求丰收和平安，以及向草原神灵表达敬意。在大会上，人们会设立祭坛，燃起香火，向祖先和草原神灵表达崇敬之情。他们会献上美食和酒水，祈求丰收、平安和神灵的庇佑。年长的部落领袖为大家上香，祈求祖先的保佑。他在敖包前放下了鲜花和美味的食物，然后默默地闭上了双眼，表达着内心深处的敬意和虔诚。年轻人也在一旁静静地观看，感受着祭祀的庄严和美好。

英勇的少年骑士们。

赛马是草原民族传统的比赛项目之一，也是那达慕大会的重要组成部分。各个部落的骑手们会参加各类马术比赛，展示马匹的速度和技艺。有一个年轻的骑手叫做巴特尔，他来自一个小部落，但他对马术的热爱和执着使他备受瞩目。

比赛开始时，巴特尔骑着一匹名叫"烈风"的黑色战马站在起点。他和其他骑手们一同冲向终点，马蹄声响彻草原，风吹过他们的头发。在比赛的过程中，巴特尔紧紧抓住马缰绳，紧贴在马背上，稳定如一颗磐石。尽管赛场上飞驰的马匹眼花缭乱，但巴特尔和他的战马始终保持着默契，呼吸相连。

最终，巴特尔和他的战马"烈风"以惊人的速度冲过终点线，夺得了

勇敢的摔跤手。

那达慕大会

87

比赛的胜利。他们的胜利不仅令他们自己骄傲，也为小部落争得了荣誉。巴特尔的勇气和毅力成为了草原上的传奇。

摔跤在蒙古族文化中占有重要地位，也是那达慕大会的一项传统竞技项目。摔跤比赛既是体力和技巧的较量，也是展现男子气概和勇敢精神的机会。

在那达慕大会的一次摔跤比赛中，有两名年轻的选手，分别来自不同的部落。他们一个叫做乌兰，另一个叫做巴雅尔，虽然来自不同的部落，但平时也是好朋友。

比赛开始，乌兰和巴雅尔被分在了同一组，他们注定要在比赛中相遇。比赛激烈进行，两人你来我往，展现出卓越的摔跤技巧和毅力。在比赛的某个瞬间，乌兰用一招独特的技巧将巴雅尔摔倒在地，获得了比赛的胜利。

然而，在比赛结束后，乌兰并没有庆祝自己的胜利，而是立刻走到巴雅尔身边，伸出手帮他起身。他们紧紧握手，彼此的眼神中充满了友谊和尊重。尽管比赛是竞争，但他们知道友谊的价值远胜于胜利。他们的故事成为了那达慕大会上一个温馨的传说，提醒着人们友谊和团结的重要性。

在那达慕大会上，各部落会表演传统的歌舞，展示自己的文化特色。歌舞表演是文化交流和传承的重要形式，也为参与者和观众带来欢乐和享受。

在一次那达慕大会的歌舞表演中，一个老者走上了舞台，他的歌声悠扬而深情，仿佛跨越了时空的界限。这位老者名叫图木舒克，是部落中的长者，也是著名的歌手。

他唱着一首古老的牧歌，歌颂着草原的美丽、自然的神奇和人们的生活。他的歌声激荡在广袤的草原上，引来了人们的齐声呼应。在歌声的陪伴下，人们仿佛看到了草原上奔跑的骏马，感受到了草原上的风吹拂。图木舒克的歌声传递的不仅是一首简单的歌曲，更是传递了几代人的智慧和情感。

一位年轻的歌手也走上了舞台，他的歌声响彻草原，吸引了许多人的目光。他唱着一首描绘草原风光的歌曲，歌词里充满了对自然的赞美和对草

原生活的情感。观众们随着歌曲的节奏摇摆，欢笑声和掌声交织在一起，营造出一片欢乐的氛围。体现了蒙古族年轻人对草原生活的热爱之情。

人们也穿着传统的服装，载歌载舞，表达对草原生活的热爱和向往。歌舞的节奏轻快，歌词深情，让人们在欢笑和感动中感受到草原的美丽和自由。

赛马的勇气、友谊的力量以及跨越时空的歌声，都是草原文化在那达慕大会中流淌的真实写照，也是草原人民智慧、勇敢和传统的生动体现。

随着那达慕大会知名度的提升，越来越多的人前来观看和参与蒙古族人们的盛会。在前郭县的草原上，除了传统的男子三项技艺比赛外，投布鲁活动被列为那达慕大会的正式比赛项目，并且扩大规模、增设秋千、跳板、田径、球类比赛等活动。那达慕大会在这里得到了较好的传承，每届那达慕大会一般在查干花草原举行，都有数万乃至数十万群众参加，大会举行多种群众性文体活动，活动内容十分丰富，充满文化的多样性。当然更为丰富的蒙古族祭敖包习俗、"草原三艺"和叼羊习俗，后文还有详细地体现。这一部分主要介绍蒙古族的这一盛会，先领略领略来自蒙古族人们的一番热情。

那达慕大会上的文艺表演。

祭长生天仪式。

摔跤手正在进行摔跤比赛。

骑手们正在进行赛马比赛。

骑手们正在进行赛马比赛。

那达慕大会上的文艺表演。

赛马

草原上纵情驰骋的蒙古族儿女。

赛马，是蒙古族的三大传统竞技项目之一，形成年代之久远，可以从阴山岩画中许多赛马的场景看到。在古代，北方游牧民族为满足狩猎、放牧、征战等需要，必须淬炼马的速度和耐力，由此逐渐产生了赛马这个竞技项目。

在蒙古族广为流传的英雄史诗《罕哈冉惠传》中，英雄罕哈冉为迎娶美丽贤惠的陶丽·高娃公主，与俄尔和木·哈日进行了一场精彩卓绝的草原三艺比赛，其中详细描绘了两位英雄进行赛马时的精彩场景：

深棕色的宝驹，
呼出的气流，
喷射出道道火焰，
冒出了缕缕浓烟，
宝驹奔腾的四蹄，
淌着水流，
如喷涌的清泉，
宝驹腾起了如万马奔腾的尘雾，
疾风呼啸般出现在他俩的眼前。

草原上的蒙古马。

马背上的民族

蒙古族爱马善骑，素有"马背民族"的美称。赛马是蒙古族在游牧生活中形成的传统体育运动。《清稗类钞·技勇类》中记载："蒙人不论男女老幼，未有不能骑马者，其男女孩童，自五六岁即能骑马驰驱于野""蒙人尝于每岁四月祭'鄂博'，祭毕，年壮子弟，相与摔跤驰马……驰马者，群年少子，

蒙古族人对马有一种特殊的感情。

赛马

蒙古马的马鞍特写。

奔跑在赛场的骑手们。

各选善走名马，集于预定之处。近则三四里，远或百余里，待命斗胜负……闻角声起，争以马鞭其后，疾驰趋鄂博，先至者，谓之夺彩。"

蒙古族是一个与马紧密相连的民族，他们的生活和文化几乎离不开这四蹄翻飞的伙伴。在广袤的草原上，蒙古族人民骑着马驰骋，他们以马为友，以马为伴。马具备坚韧的体格和适应草原环境的能力。在过去，蒙古族人们依靠马匹进行狩猎、放牧和战斗，马背上的驰骋是他们日常生活的一部分。

在传统的赛马节上，骑手们驾驭着马匹，展示着马的速度和力量，马的角色在其中无可替代。

马还在蒙古族的艺术表现中占有重要地位，人们通过歌谣、绘画、文学作品等表达对马的赞美和情感。马被描绘成草原上的伙伴，是生活中的帮手，更是灵魂的寄托。马的形象充满了草原的风情，成为了蒙古族文化中不可或缺的一部分。

蒙古族的历史中，马背上的风情留有许多传奇。蒙古族领袖成吉思汗就是骑着马征战沙场的，他率领蒙古军队征服了无数的土地，创造了辉煌的帝国。蒙古马在战争中展现出的速度和耐力，成为了蒙古军队的有力支持，也为成吉思汗的征战功绩做出了巨大贡献。

在蒙古族人们的心中，马不仅仅是一种工具，更是一种情感的寄托和文化的象征。他们将马视为友，与马共同分享草原的风光与荣耀。马背上

的草原生活让蒙古族人民形成了独特的生活态度和价值观，他们以马为荣，以草原为家，是真正依靠于马生产、生活的马背上的民族。

速度与耐力

蒙古族赛马活动，代代流传，至今不衰。在草原上，每逢喜庆节日，牧民们都要举行赛马比赛，这是草原上必不可少的休闲娱乐活动之一。

赛马的参赛者少则几十人，多则上百人，不分男女老少，均可参加，一齐上阵，有本地区的牧民参加，也有邀请邻近地区参加的，还有闻讯后从百里之外赶来的参加者。

蒙古族赛马比赛按马的步伐分类，分为颠马比赛、走马比赛和跑马比赛。

颠马比赛主要是比马的耐性和力量，姿势要优美而且坐得稳，马在奔

草原上奔跑的马群。

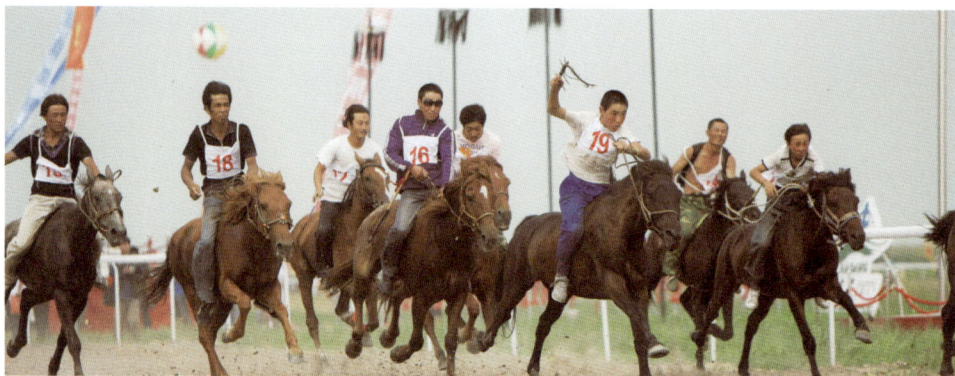

在传统的赛马节上，骑手们驾驭着马匹，展示着马的速度和力量。

跑时，前后腿轮番着地、发力，马的四蹄高抬，交替前进，颠马既不能跑也不能走，赛手都紧勒马缰，让参赛中的马匹仰脖前行，指挥马的颠步，所以颠马比赛一般都是成年人参加，距离一般为 3000~5000 米。

走马比赛以速度快、步伐稳、姿势优美且率先到达者为冠军，需要很强的技巧性，马的脚步同时交叉落地，比赛中要求走马动作协调，还需注意速度。走马比赛既考验马的技巧的熟练度，也考验骑手的驾驭能力，一般比赛距离为 4000~5000 米。

跑马比赛的重点是比马的速度与耐力，马匹的左右蹄双双交替前进。骑手通常是 7~15 岁的少年儿童，他们会卸下马鞍和其他配重，以减轻马的负担，跑马赛距离一般是 20000~50000 米，而在那达慕大会上，跑马赛的距离会缩短为 3000 米、5000 米和 10000 米等短程比赛。

草原上，每年举办的那达慕盛会中，最为振奋人心并充满刺激性的项目，就是赛马。

他们赛马前，十分注重赛前准备工作。

赛前训练，打扮赛马。骑手要熟谙马的习性，才能驾驭好它，赛出好成绩。平时，就要进行调练，观察马的体能，掌控马的速度。赛马前

正在骑马放牧的蒙古族人们。

一个月，要"吊马"，使马身瘦有神，耳如竹削。赛马前夕，要给骏马扎起小辫儿，以防马鬃挡住马的眼睛，修束尾巴以减少阻力。还要装饰打扮赛马，洗刷马的躯体，给马带上铜铃，系上彩绸项圈，使赛马显得精神抖擞，焕然一新。

赛马能培养骑手机智、勇敢、灵活、耐劳等优秀品质，骑手要有娴熟的马上功夫、健壮的体格和驾驭能力。

骑手的服饰具有轻巧的特点。一般用柔软的绸料制作，既轻柔，又凉爽，

所着的蒙古袍要比平常的袍短、紧身，颜色以粉红、天蓝、白色为主，衣襟、袖口、裤脚都绣有精美的装饰图案。骑手戴的帽子有尖顶圆帽、船形帽等样式，在鬓角处还要缀上两条带子，以便扎牢，帽子的后面缀有彩带，前部缀有闪闪发光的小镜子或星形装饰物。马靴有的是全皮马靴，也有传统的布底皮筒马靴，有的骑手为了减轻马的负担，会特制布质软靴，灵巧而舒适。

比赛时，骑手先在起点处排成一行。裁判员彩旗一挥，刹那间，骑手们争先恐后，跃马挥鞭，奋力向前，匹匹骏马奔驰在广阔无垠的绿色草原上，宛若飞霞流彩。骑手们在飞驰的马背上，忽而挥鞭加鞭，忽而身藏马侧，惊人的骑技令人叹为观止，高潮迭起，人呼马嘶，声震四野。夺魁的骑手会被热情的观众举起上抛，马也披红戴花，备受青睐。

比赛结束后举行颁奖仪式，授称号，唱赞马歌，奖赏名列前几名的骑手。

赛马

97

还在获第一名骑手的马头及马身上，撒奶酒或鲜奶以示庆贺。民族歌手高声唱赞马歌，赞马歌的内容丰富多彩，描述马匹的雄峻英姿、介绍驯养者和骑手、描述赛程中的种种特点等等。

在草原上，有一个充满传奇的赛马故事，讲述了一个蒙古族青年

英姿飒爽的少年巴特尔们。

马巴图的勇气、毅力和草原情怀。

马巴图生长在一个牧民家庭，从小被赛马文化所熏陶。他的父亲是一位著名的赛马手，父亲教授儿子驾驭马匹，训练他掌握马技，传授他关于草原的智慧和生活的哲理。马巴图从父亲那里学到了如何与马建立深厚的情感纽带，以及如何在赛马场上取得胜利的技巧。

随着年龄的增长，马巴图的赛马技艺日益精湛，他骑马飞驰于草原之上，犹如风驰电掣。每一次的比赛，他都能带领自己的马冲向终点，赢得欢呼和掌声。然而，马巴图心中的追求远不止于此，他梦想着成为草原上最杰出的赛马手，为自己的部落争光。

一年一度的草原赛马节即将到来，这是草原上最盛大的赛马盛会。马巴图决定参加这次比赛，展现自己的风采。他精心选择了一匹骏马，给它取名为"烈风"，希望它能够如烈风般疾驰而过，带着他赢得胜利。

比赛的日子终于到来，草原上聚集了来自各个部落的赛马手和观众。比赛场上，马巴图紧握缰绳，与烈风心心相印。比赛开始，马群如离弦之箭，

马巴图紧紧地贴在马背上，全神贯注地引导着烈风冲刺。他们一路飞驰，跃过河流，穿越原野，仿佛与草原融为一体。

在比赛的最后阶段，马巴图感觉到了后方的竞争者正在追近，他毫不犹豫地用鞭子轻轻一抽，烈风顿时加快了速度。最终，马巴图与烈风冲过终点线，赢得了比赛的胜利。观众们爆发出热烈的掌声，赞美着这个英勇的蒙古族赛马手。

马巴图的胜利并不仅仅是个人的荣誉，更是他部落的荣耀。他用自己的努力和技艺，诠释了蒙古族人的勇敢和坚韧。他的背后，是一代代蒙古族人对草原的热爱和传承。他的故事在草原上传颂开来，成为了鼓舞人心的传奇。

马巴图的励志精神和对草原的热爱，鼓励着人们追求梦想，面对挑战，为自己的人生赛场奋斗不息。这个故事在草原上流传，成为了蒙古族文化中不可磨灭的一部分。

蒙古马与蒙古马精神

　　蒙古族赛马的历史孕育出了丰富的蒙古族赛马文化，又被当今社会赋予了全新的现代含义，即"蒙古马精神"——吃苦耐劳、一往无前，不达目的决不罢休。蒙古马的优秀品质早已深深镌刻在蒙古族儿女的灵魂深处，成为激励蒙古族儿女自强不息、不断向前的强大精神力量。

　　自古以来，蒙古马在生产生活中扮演着重要角色，它是驰骋赛场的飞驰骏马，是牧民日常生活中的忠诚伴侣，也是英雄征战时最真挚的战友。蒙古马不仅是草原上的交通工具，更是草原文化的象征，讲述着一个个深刻的故事。

　　蒙古马，又被称为"天马""战马"，是草原上的宝藏之一。它们在草原的环境中逐渐形成了坚强的体格和适应力强的特质，成为了蒙古族人民的得力伙伴。蒙古马的毛色多样，有白色、黑色、褐色等，每一匹马都有其独特的美丽和个性。

穿传统服饰的蒙古族人们正在骑马。

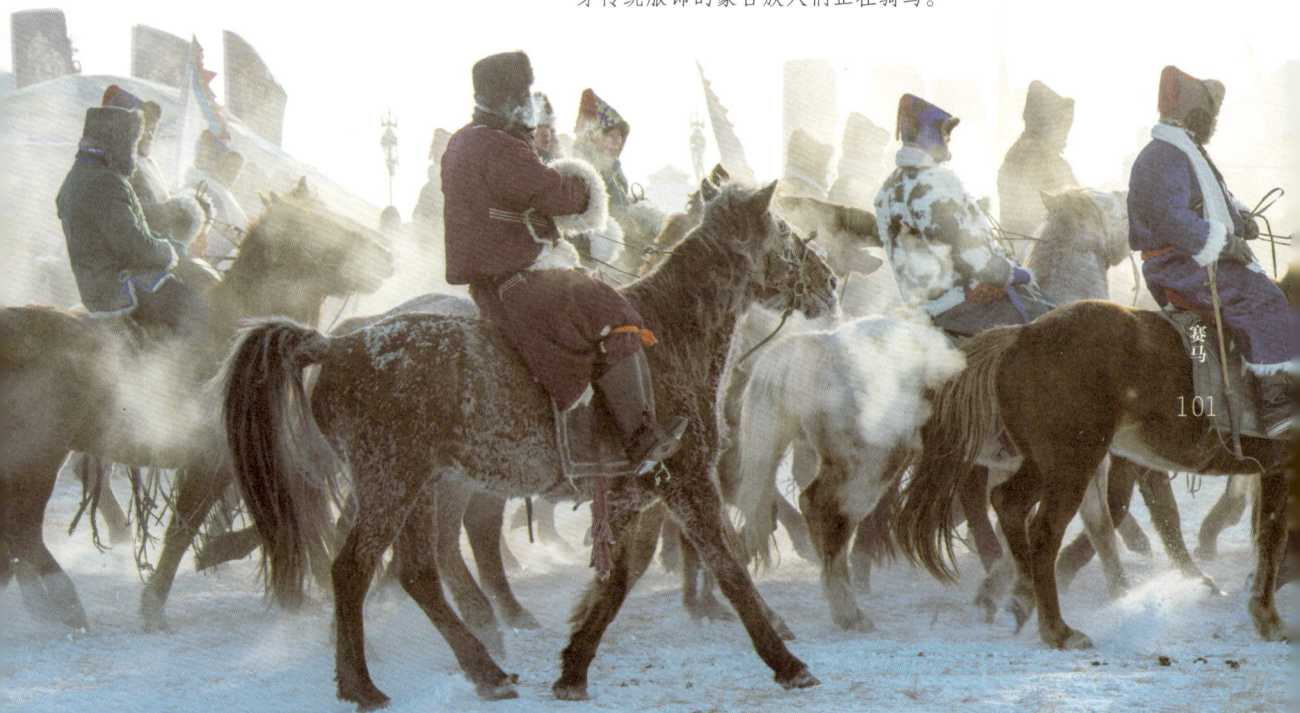

蒙古马不仅在日常生活中发挥着重要的作用，还在蒙古族的文化和传统中扮演着重要角色。关于蒙古马的故事充斥着草原的每一个角落。

在蒙古族的传说中，有一个关于"伊利克汗"的故事。相传很久以前，草原上的牧民遭遇了严重的旱灾，草场几近荒芜。这时，一匹神秘的白马出现在草原上，它的蹄下涌出清泉，草场逐渐恢复生机。牧民们将这匹白马当作神圣的存在，称之为"伊利克汗"，意为"白马之主"。伊利克汗成为了蒙古族人民的信仰和希望的象征，他们相信这匹白马是保佑他们幸福和繁荣的象征。

在蒙古族英雄史诗《江格尔》中，蒙古马是奋斗不止、自强不息的象征，江格尔的阿仁赞、洪古尔的青色白额马（铁青马）火焰金驹、阿拉坦策吉的大红马、萨布尔的紫色白额马（栗色马）、萨纳拉的红沙马（沙毛白额马）、明彦的米黄色银合马（金银马）、赛力罕塔布格的雪白马、浩顺乌兰的黄骠马等都是上等的好马。《江格尔》用敌方神箭手的口吻描写了英雄和他的马："第一箭我瞄准洪古尔的心脏／阿兰扎尔猛然卧倒／我的箭掠过洪古尔头顶飞向蓝天／又向他发了第二箭／那马跃蹄腾空／我那

骑手们正在草原上任意驰骋。

神箭／却射入蹄下的泥土中。"有声有色地描绘了蒙古马在战争中的卓越表现，使人们深刻感受到蒙古马的勇敢、忠诚与担当。

人们也流传着一个关于蒙古马的赞歌：

蒙古马呀！你是草原上的翩翩飞骑，是蒙古族人民的骄傲，更是自由的象征。你那奔腾不息的蹄声，在广袤的草原上回荡，诉说着无尽的勇气和坚韧。你的精神，宛如草原的风，吹拂着每一个草原人的心田，激励着他们追求自由、勇往直前。

蒙古马呀！你是草原的战士，你的力量和速度是无人能及的。你在历史的战场上驰骋，与蒙古的勇士们一同征战，创造了一个个辉煌的传奇。的蹄声响彻于战争的风云，你的背上载着历史的荣光，你的精神在草原人的心中永不磨灭。

蒙古马呀！你是草原的伙伴，你与牧民们共同走过无数个日夜。你的脚印留在草原的每一寸土地上，你的眼神透露着对草原的眷恋。你是他们的信赖，他们的力量，你陪伴着他们在茫茫草原上寻找生活的希望，你用自己的存在，温暖着每一个寒冷的夜晚。

蒙古马呀！你是草原的自由之风，你的奔跑如同草原的呼吸，不受拘束，不受束缚。你的精神在风中飘荡，你的驰骋是对自由的向往。你教会了草原人民，自由是一种生活的态度，是一种追求的精神。你的奔放，激励着他们勇敢地面对生活，追寻自己的梦想。

蒙古马呀！你是草原的传承者，你在赛马场上绽放着草原的风采。你的速度如同箭矢，你奔驰在比赛的赛道上，展现着草原人民的勇气和智慧。你的竞技，是对草原精神的继承，是对草原历史的延续。

蒙古马呀！你是草原的骄傲，你的身影永远镌刻在草原人民的心中。蒙古马精神将随着赛马比赛在草原上一直流淌，奔腾的蹄声，是草原的音乐，是蒙古族人民的自豪。

在前郭县，赛马文化是蒙古族同胞们心中不可磨灭的一个深刻的符号。

赛
马

103

射箭

蒙古族牧民居住的蒙古包。

　　射箭是蒙古族同胞们的传统技艺和文化体现，承载着丰富的历史。射箭不仅是狩猎、战斗的重要手段，更是草原人民智慧、勇气和团结的象征。

　　蒙古族射箭历史源远流长。在草原环境中，狩猎是人们生存的基本方式之一，弓箭作为一种狩猎工具，起初帮助了人们获得食物和动物皮毛。随着时间的推移，弓箭逐渐融入了人们的生活，成为了草原文化的一部分。

在蒙古族的历史中，射箭还有着深厚的战斗意义。古代，草原上的部落之间经常发生冲突，射箭作为一种有效的战斗手段，帮助蒙古族人们保卫家园，扩展领土。成吉思汗更是将射箭技艺推向了高峰，使之成为军事和文化的标志之一。

传奇的弓箭手

蒙古族射箭技艺的传承是一项重要的文化使命。从古至今，蒙古族人民一直注重射箭技巧的传承和培养。射箭的技艺包括弓的制作、箭的制作、射箭姿势、目标选定等多个方面，需要长期的训练和实践才能熟练掌握。

尤其在现代，蒙古族人民通过家庭、学校和社区等多种途径传承射箭技艺。许多草原儿童从小就开始学习射箭，通过模仿和实践，逐渐掌握射箭的技巧。这种传统的技艺传承不仅保护了射箭的文化遗产，也培养了年轻一代对草原文化的认同和热爱。

蒙古族射箭蕴含着丰富的文化意义，不仅在技艺层面，更体现在草原人民的价值观和生活态度上。

射箭需要勇气和精准，草原人民通过射箭锻炼了自己的勇敢精神。在面对困难和挑战时，他们像射出去的箭一样，毫不犹豫地迎难而上，展现出不屈的意志和决心。

在射箭比赛中，合作和团结是取得胜利的关键。草原人民明白，只有携手合作，共同努力，才能射出完美的一箭。这种合作精神不仅在射箭中体现，在草原社会中也有着深刻的意义。

射箭作为蒙古族的传统技艺，见证了历史的变迁和草原人民的智慧。通过射箭，人们不仅缅怀祖先，更加深了对草原文化的认同。这种传统认同感在现代社会中显得尤为珍贵。

射箭需要持之以恒的练习。在一个晴朗的日子里，一位叫做巴特尔的小男孩儿，正站在家门前，练习射箭。他紧盯着远处的一只靶子，集中精神，拉开了弓弦，然后迅速放手，箭矢破空而去，准确地命中了靶心。巴特尔高

射箭

105

蒙古包内承载的是千万个蒙古族人对家的向往。

骆驼也是人们最好的生活伙伴。

兴地跳了起来，他知道这是他多次练习的结果。

巴特尔的父亲走到他身边，鼓励地拍了拍他的肩膀。父子俩坐在一起，聊起了射箭的故事。父亲告诉他，射箭不仅是一项技艺，更是他们的传统和骄傲。他们谈论着射箭在过去历史中的重要作用，以及如何通过射箭培养勇气、团结和合作精神。

巴特尔的父亲还向他传授了更多射箭的技巧，教他如何保持稳定的姿势，如何调整呼吸，在不同的环境中进行射击。巴特尔认真地听着，他明白这些技巧不仅仅是为了射箭，更是在培养他的坚韧意志和自信心。

射箭比赛的项目十分丰富。在草原上，有一个古老的部落叫阿尔泰部落，他们广而告之，举行了一场盛大的射箭比赛。这是一年一度的盛事，吸引了来自不同部落的弓箭手们，展示他们的勇气、技艺和草原精神。

比赛的前一天，草原上的营帐聚集了众多的弓箭手。彩旗飘扬，篝火熊熊，弓箭手们穿着传统的服饰，携带着精心制作的弓箭，身上散发着一股坚毅的气息，等待着比赛的安排。他们来自不同的部落，却有着共同的目的——在射箭比赛中展现自己的风采。

比赛的第一项是静态射击。弓箭手们站在指定的位置，目标是一系列距离不同的靶子。在欢呼声中，第一名弓箭手迅速拉弓，射出的箭矢准确地命中了靶心，掌声雷动。接下来的弓箭手们也纷纷射出了精准的箭矢，每一支箭都是他们长时间练习的成果。

接着是移动射击，弓箭手们需要在骑马的情况下，射击移动的目标。这

项比赛更加考验弓箭手的反应和技巧。一个名叫巴图的年轻弓箭手，骑着他的快马飞奔在草原上，箭矢在他手中舞动，每一次射击都像是一道闪电，准确地命中了目标。他的表现引来了观众们的喝彩和赞赏。

最激动人心的是群射环节。所有的弓箭手站在一起，齐齐射出箭矢，看谁能射出最多的靶心。在这个瞬间，弓箭的箭矢如雨点般飞舞，靶心被贴满，草原上回荡着激昂的呼喊声。这是一场草原上的独特盛景，展现了草原人民的团结和力量。

比赛进入了最后一项，弓箭手们站在一个较远的位置，目标是一个挂在高处的小铃铛。这项比赛考验的是弓箭手的准确度和远程射击技巧。其中一位弓箭手名叫艾玛，凝神定气，拉弓瞄准，箭矢离弦而去，几乎是呼啸着飞向了目标。在所有人惊叹的目光中，箭矢准确地命中了铃铛，发出了清脆的响声。全场爆发出热烈的掌声，艾玛的表现令人难以忘怀。

比赛结束后，颁奖典礼在欢声笑语中进行。巴图和艾玛等优胜者们获得了象征荣誉的草原之冠，这是草原上最高的荣誉之一。然而，更重要的是，他们通过比赛展示了草原人民的勇气、智慧和团结，也为草原文化增添了新的篇章。

身着传统服饰的草原弓箭手。

射箭

英勇的男弓箭手。

还有许多关于英雄射箭手的传说。这些故事不仅激励着后人，也推动了射箭精神的传承。这些英雄传说中的弓箭手往往具备高尚的品德和勇气，他们的事迹在蒙古族文化中被广泛传颂，影响着人们的行为和价值观。

马鬃弓手额尔登是一个具有传奇性的英雄形象。他是一个身材高大、力量超群的弓箭手，能够在马背上射出远距离的精准箭矢。额尔登在战场上所向披靡，用他的箭术抵御外敌。他的事迹被广泛传颂，是草原上的英雄典范。

还有一个名叫阿巴的蒙古族少年，他生于贫苦之家，但却拥有出众的射箭天赋。阿巴努力学习射箭技艺，用坚持和努力赢得了许多比赛。他的勇气和坚持，感动了众人，成为了一个家喻户晓的英雄。阿巴的故事鼓舞了许多年轻人，激励他们追求梦想和成就。

卓玛是蒙古族传说中的一位射箭女英雄。她生于草原，从小就展示出出色的射箭天赋。在一次对外部落的比赛中，卓玛代表自己的部落参赛，用她精湛的射箭技艺赢得了胜利。她成为了激励女性勇敢追求自己梦想的象征。

巴图是另一个蒙古族射箭传说中的英雄人物。他曾经与一只凶猛的老虎展开了生死搏斗，最终用他的射箭技艺将猛虎射杀。他战胜猛虎的故事象征着勇气、智慧和对抗困难的精神，巴图成为了一个充满传奇的射箭英雄。

英姿飒爽的女弓箭手。

这些蒙古族射箭手的传说，不仅讲述了他们的英勇事迹，更传递了草原人们的智慧、勇气和团结精神。激发了人们追求卓越、克服困难的信念，成为了蒙古族文化的重要组成部分。这些英雄的形象在蒙古族人民的心中生根发芽，激励着他们传承草原精神，勇敢面对生活的挑战。

射箭，在风中草长莺飞的草原上流传开来。它不仅是蒙古人一项生产生活的技艺，更是草原人民智慧和勇气的结晶，是草原文化的生动写照。这个传奇将一直在草原上延续，成为人们心中永恒的记忆。

传统的弓箭

弓箭，作为古老的武器和文化象征，在人类历史中扮演了重要角色。它既是狩猎和战斗的工具，更是一种艺术和智慧的体现。从古代到现代，弓箭一直在不同文化中传承，并深刻地影响着人类社会。

弓箭的历史可以追溯到青铜时代。人们发现，通过将弓弦拉开再放松，可以将箭矢射出，攻击远程目标。弓箭的发明极大地拓展了人类的狩猎和战斗范围，成为了生存和征战的重要利器。

不同文明中的弓箭也有着不同的特点。从古埃及的反曲弓，到中国的长弓、欧洲的长弓等，每种弓箭都有其独特的设计和用途。弓箭的发展历程见证了人类文明的进步，也反映了不同文化间的交流和影响。

弓箭最早用于狩猎，帮助人类获取食物和皮毛。在古代社会，人们通过射箭猎取野兽，丰富了食物来源。随着社会的发展，弓箭也被用于战斗。在古代的部落冲突和战争中，弓箭成为远程攻击的重要工具，为军队带来了战略优势。

弓箭在战争中的重要性在不同历史时期得到不同程度的体现。例如中世纪的欧洲长弓手在百年战争中的表现，展示了弓箭在战斗中的杀伤力和威力。在亚洲，如蒙古帝国的弓箭手和中国的弓弩手也在征战中发挥了重要作用。

辽阔的大草原。

射箭

弓箭的制作和使用也是一门艺术。制作弓需要选取适当的材料，并按照特定的工艺进行加工。弓箭的设计、弦的调整以及射击的技巧，都需要长时间的练习和经验的积累。在许多文化中，弓箭手被视为精英和高手，他们的技艺成就了艺术和传统。

有一个制作弓箭的名人，叫阿兰，他是草原上有名的弓箭制作师傅。

阿兰从小就热爱弓箭，经过多年的学习和实践，他已经掌握了制作弓箭的精湛技艺。他的工作室里摆满了各种弓弦、箭杆和箭头，每一件都是他用心制作的杰作。

这是一个晴朗的清晨。阿兰早早地起床，走进他的帐篷，打开了一个储存满了各种木材的柜子，细心地挑选出一块适合制作弓的榆木。他用锯子将木材切割成合适的形状，然后用刨子和砂纸将木块修整得光滑而匀称。

正在射箭的女弓箭手。

接着，阿兰制作弓弦。他选取了一根坚韧的牛筋，仔细地将它剥离，然后将细细的牛筋纤维编织成弓弦的形状。每一次的编织，都需要阿兰耐心操作，他倾注了他对弓弦的深厚感情。

制作弓身的过程同样不容易。阿兰用火烤软了木材，然后用刀具将木材逐渐雕刻成一把优美的反曲弓。他在弓的两端安装了弓角，确保了弓的弹性和稳定性。弓的制作需要高超的木工技艺和细致的观察力，阿兰将每一个细节都处理得非常完美。

在完成了弓的制作后，阿兰开始制作箭。他选取了细长的竹子作为箭杆，然后将箭头制作得尖锐而坚固。他用羽毛装饰箭羽，以保证箭在飞行中的稳定和平衡。每支箭都是他的心血结晶，他希望用最好的工艺创造出最好的箭。

弓箭比赛上的祈福仪式。

射箭

那达慕大会上正在表演乌力格尔艺术的乌兰牧骑。

几天的辛勤工作后，阿兰终于完成了一套精美的弓箭。他将它们摆在工作室的展示架上，充满自豪地欣赏着自己的杰作。他知道，这些弓箭不仅是武器，更是他对古老手艺的尊重和传承。

正是因为有像阿兰这样的人，制作弓箭的古老手艺才得以延续。每一把弓，每一支箭，都是他们用心和智慧创造的成果。这些弓箭不仅在战斗和狩猎中发挥作用，更传承着人类的智慧和文化。他们用双手和心灵，把弓箭制作成一件件艺术品，让人们能够感受到历史和文化的深厚魅力。

阿兰坐在帐篷中，回想着自己的制作历程，心中充满了满足和自豪。他相信，制作弓箭的手艺将会一直传承下去，不仅是因为它的实用价值，更是因为它背后的文化、智慧和人类情感。这种手艺，就像一颗珍贵的种子，埋藏在时间的河流中，继续生长，绽放出永恒的花朵。

弓箭不仅是一种武器，更是文化象征和艺术表达。许多文化将弓箭视为勇气、自由和团结的象征。在草原文化中，如在蒙古族中，弓箭代表着勇敢和团结精神，成为了草原人民的骄傲。

精神的传承

　　蒙古族射箭作为草原文化的重要组成部分，承载着丰富的精神内涵和文化传统。这种射箭精神在蒙古族同胞们中代代相传，不仅体现了草原的勇气与智慧，还弘扬了团结和自信的价值观。

　　蒙古族人民生活在广袤的草原上，面对草原的苍茫和不可预测性，他们有着不畏艰险的勇气。射箭作为一项远程攻击手段，要求弓箭手在风雨无情的草原上保持冷静和勇敢。这种勇气不仅体现在射箭比赛中，更是他们在生活中的处事态度。

　　蒙古族射箭作为一项古老的技艺，传承了草原的智慧和历史。从古代的狩猎和战斗，到现代的传统活动和比赛，蒙古族人民通过射箭传承着自己的文化。弓箭手们在射击的过程中，不仅在锻炼技术，更在传递着一种深厚的文化传统，这种传统融入了他们的生活，成为了蒙古族文化的一部分。

　　在蒙古族的射箭传统中，群射是一个重要的环节。弓箭手们站在一起，齐射箭矢，目标是命中尽可能多的靶心。这体现了蒙古族人民的团结和合作精神，强调个体与集体的和谐。弓箭手们需要协调配合，共同达到更高的目标，这种团结的意识也延伸到了蒙古族社会的方方面面。

　　蒙古族人民生活在草原上，尊重和崇尚自然是他们的一贯信仰。射箭作为一种与自然和谐的技艺，要求弓箭手在风雨中调整呼吸，感受环境的变化。这种与自然的亲近，使蒙古族人民在射箭过程中更加平衡和安宁，体现了一种与大自然共生的智慧。

　　蒙古族射箭精神的传承，不仅是对射箭技术的传承，更是对草原文化的传承。在不同的历史时期，蒙古族人民通过射箭表达了勇气、团结、自信和智慧，形成了独特的射箭精神。这种精神不仅是蒙古族文化的重要组成部分，也在现代社会中具有重要的指导意义，鼓励人们勇敢面对困难，与他人合作，传承优秀的文化传统。

射箭

113

叼羊

蒙古族人们正在举行叼羊活动。

　　"叼羊"这项运动具有悠久的历史,且具有大量的史料记载,其中共有两种起源学说,分别为"叼狼"起源说和暴风雪起源说。

羊与狼与人

在蒙古族流传着一个关于叼狼的故事。

在广袤的草原深处，有一群灰狼，在牧民放牧的时候，柔弱的羊群时常遭到狼群的袭击，狼群把羊群驱散，让一两头跑得快的狼引开牧羊犬，然后一群狼在狼王的指挥下冲进羊群，牧民们人数较少，一时照顾不了羊群，这样，便被狼群得逞，许多肥羊就被狼群咬死拖走，牧民的财产因此受到了巨大的损失。

某天，在一片微风拂面的芳草地上，在牧羊人阿甘和牧羊犬的监护下，一群羊正在欢快地嬉戏吃草，但它们却不知道危险早已降临在它们头上。一头老狼潜伏在暗处，目不转睛地盯着羊群，就在牧羊犬跑去撒尿，牧羊人打盹的时候。那头狼突然蹿了出来，像把利剑一样刺向羊群。羊群四散，那头狼最终选择了领头羊，疾扑上前，将羊按倒在地上。可怜的领头羊只能用凄惨的哀叫作为反抗。就在此时，牧羊人蹿了出来。老狼只得放下嘴边的猎物与牧羊人阿甘对峙。老狼首先发起了进攻，它凶猛地扑向牧羊人，但牧羊人阿甘早有防备，一甩马鞭，狼的脖子鲜血喷涌。老狼仰头怒号，然后悻悻地夹着尾巴逃跑了。但是搏斗的声响引来了附近数十只狼赶来助战，它们歪着脑袋看着牧羊犬，似乎不相信是其所为。

到了第二年春天的早晨，牧羊人阿甘带着家里的羊群到草原上最鲜嫩的草地上吃草，当羊群正在草地上吃着青草时，他就坐在一棵大树下四处看着，不让一只羊丢失。

牧羊人阿甘像往常一样照看着羊群吃草，突然发现远处蹲着一只狼，两只眼睛紧盯着羊群。牧羊人心里想：这狼一定是想寻找机会来吃我的羊。他眼睛都不敢眨一下注视着，却不见狼有什么行动。他感到很好奇，这头狼跟别的狼不一样。直到傍晚牧羊人要把羊赶回家时，那只狼才站起来离开草场，消失在丛林中。

第二天，牧羊人阿甘发现那只狼又来了，而且蹲得离羊群更近。牧羊人阿甘越加不放心，一直提防着它，但不见它表现出任何攻击的企图，只是一动不动地蹲在那里。

这以后的两三天，狼都接连着来，而且蹲得越来越近，直到第十天，牧羊人暗自嘀咕："这只狼大概不吃我的羊。假若它是一只吃羊的狼，一开始它就该来吃了。现在已经是第十天了，它仍是这样静静地等在旁边，难道它也想养羊吗？为什么总是蹲在这里？"

牧羊人心里怀疑，就问狼道："你为什么总是蹲在这里看羊？你守在这里已经十天了，是十天，对吗？"

"对。"狼温柔而有礼貌地回答："我喜欢看羊。"

牧羊人听到温和的声调，看见它那副彬彬有礼的样子，心里在琢磨：这只狼不同于一般的狼，比较和蔼可亲，一定是只好狼。牧羊人接着问："是什么原因使你这么喜欢看羊呢？"

狼回答说："因为我的孩子小时候也像小羊羔似的，身上长着一缕缕可爱的绒毛。"

"如果是这样，你为什么不守候在你的可爱的孩子身边？"

"我的孩子死光了。"

"你的孩子死光了？"

"是的。"

"怎么死的？"

"森林失火烧死的。"

"唉，真让人同情。你大概太想念你的孩子了，所以每天守在这里。"

"对呀。我简直无法形容我思念孩子的心情，每天都不知道该做些什么才好，所以把羊当作我的孩子看待。

"天哪，这太可怜了！"牧羊人阿甘发自内心地说："坐近点也行，我不会计较的。"

赛羊

　　"感谢你。"狼说，

　　"我一定每天都来看羊。"

　　从此以后，这只温驯的狼每天都来坐在羊的旁边，有时还两眼泪汪汪的，像在哭泣，这更使牧羊人对它同情怜悯了。

　　最后，狼终于取得了牧羊人阿甘的信任。有几天，牧羊人阿甘觉得困倦，想睡个午觉，就请狼帮忙看守一下羊群，狼总是照看得很好，羊没有发生什么事儿，这使牧羊人对狼就像对自己一样放心。

　　有一天，牧羊人要进城买东西，对狼说："我有点儿事情，要进城买东西，你帮我照料一下羊群好吗？"

　　"好哇。"狼说。"我一定保证你的羊群安全。"

　　可是牧羊人离开没多久，这只"温顺""善良""使人放心"的狼就扑向羊群，把羊咬死，美美地饱餐了一顿，然后溜走了。牧羊人回来，发现死了许多羊，而狼已经逃之夭夭，才知道上当了。狼到这里，才露出了它的凶残狡猾的本性。

　　从此以后，阿甘每次遇到狼都要将其射杀，然后放到马背上向别的人炫耀，阿甘也通过自己被老狼欺骗的故事让草原上的人们提高警惕。而人

们吸取了阿甘的教训，从此以后每当有人射杀一头狼，就会放到马背上，人们看到也上前表示庆祝。后来狼越来越少，才改为了叼羊。这个关于叼羊的故事便在蒙古族人们的记忆中流传下来，而叼羊这个习俗便传承了下来。

叼羊还有一个说法是暴风雪起源说：生活在草原上的牧民，在遇到恶劣的天气或者遇到野兽的袭击时常会出现羊群失散的情况，牧民面对多变的情况时，一边要应对突发状况，一边把丢失的羊用手提上马背，谓之"叼羊"，久而久之这一生产技能发展成了精彩绝伦的"叼羊"大赛。如今这两个起源为大众接受的最深。

叼羊大赛

叼羊大赛一般在秋天举行。那时，羊肥马壮，人们会在一起欢庆丰收。叼羊用的是山羊，两岁左右，割去头、蹄，紧扎食道，有的羊还需要放在水中浸泡或往羊肚里灌水，这样比较坚韧，不易扯烂。参加叼羊的人事先都结成小队，有的就是两队的比赛。每队都有冲群叼夺、掩护驮遁和追赶阻挡等分工，讲究战略战术。一旦夺得羊羔，其他同伴有的就会前拽缰绳，

叼
羊

119

有的就会后抽马背，前拉后推，左右护卫最终冲出重围。它既需个人娴熟的技巧，又要集体的密切配合。

叼羊是一项勇敢者的运动，有句谚语说："摔跤见力气，叼羊见勇气"。比赛时，主持人把羊身放在草场中心，参加比赛的先分成两队，一般数十人，多时上百人，每人骑一头高头大马，排列在草原上。主持人一声令下，英姿飒爽的骑手个个如离弦之箭，快马加鞭，向放山羊的地方冲去。谁马上抓起地面的羊，或者从对方手里夺得羊，送到主持人指定的目的地，谁就是胜利者。

叼羊活动对抗性强，争夺激烈，是一种集勇猛、顽强和机智于一体的马背体育比赛。叼羊一般分三种比赛方式：第一种方式是分组叼，被叼的羊要预先割掉头，扒掉内脏，放在场地中间。参赛者 10 人左右为一组。

参加叼羊项目的勇士们。

独自面对风雪的"额吉"。

叼
羊

主持者一声令下，两组骑手急驰而去，马快且马上功夫好者会把羊抄起提着夹在蹬带下或驮着，不择路地奔跑，其他人催骑、追赶、抢夺。经过反复互相争夺，当某队最先把羊放到指定地点时，就算获胜。第二种方式是两人单叼，由不同小组各派一个单骑者将羊抄起开始叼羊夺，或者由另一个人拿起羊，让两个单骑去抓，发出号令后开始叼羊。经过两人奋力在马上拉扯争抢，谁先夺到羊，放到指定位置，谁就是胜利者。第三种方式是群叼，骑手不分队，多人策马争夺，以最后夺得羊并放到指定地点者为胜。

蒙古族人们常年在大草原上放牧，尤其是转场的时候，为了保护畜群，经常要同恶劣的天气、凶猛的禽兽顽强搏斗。叼羊则是最好的锻炼，它既是力量的较量，又是智慧的竞赛，既比勇敢，又赛骑术。叼羊的优胜者多为放牧的能手，总会在暴风雪中寻找到失散的牲畜，他们能把百十斤重的羊只，俯身提上马来，驮回畜群。优秀的叼羊手是受尊敬的，被誉为"草原上的雄鹰"。

近几年来，逐渐有妇女参加"叼羊"。她们在马背上利用自己高超的骑术和无畏的勇气以手来争夺"羊羔"，参与到这项蒙古族特有的体育活动，展现了蒙古族女性的力量与智慧。

草原上的羊群。

叼
羊

123

摔跤

正在放牧的蒙古族人。

摔跤运动，在蒙古族中比较盛行，有着悠久的历史。蒙古族是一个非常喜爱体育运动的民族。长期以来，他们创造和流传下来许多富有民族特色的传统体育项目，摔跤运动尤其受到他们的偏爱。

蒙古族摔跤，是中国蒙古族传统体育竞技项目之一，深受蒙古族人们喜爱，也是蒙古族文化的重要组成部分。这项古老的竞技活动在蒙古族社会中具有极高的地位，它既是一种体育运动，又是一种文化传承的载体。

蒙古族摔跤始于何时，难以确考，《元史·武宗纪》载，元武宗曾于大德十一年（1307），"以拱卫直都指挥使马谋沙角抵屡胜，遥授平章政事"。至大三年（1310）"赐角抵者阿里银千两，钞四百锭"。元朝于1318年设立"校署"一职，专门管理摔跤运动。可见摔跤运动的普及。

蒙古族摔跤运动尤其受到人们的偏爱。

传统服饰

蒙古族摔跤是草原文化的重要组成部分，而摔跤服饰则是体现这一文化的独特元素。蒙古族人们通过摔跤比赛来展现勇气、力量和智慧，而他们身上的摔跤服饰更是延续了悠久的历史和草原的风情。

蒙古族摔跤服饰充满了原始、朴实的草原特色。摔跤选手的服饰通常包括头巾、上衣、裤子、腰带等。其中最具代表性的要数"卓铎格"——摔跤选手的上衣。卓铎格由厚重的布料制成，用于保护选手的背部和肩膀。它的设计考虑到了摔跤比赛中的特殊需要，能够承受选手之间的激烈碰撞。卓铎格上常常绣有各种图案和符号，代表着不同的意义和象征。这些图案可能是动物、草原景象、家族纹章等，每一种图案都蕴含着深厚的文化内涵。

除了卓铎格，蒙古族摔跤选手还会佩戴"赛达"——一种传统的摔跤裤。赛达通常由厚实的羊毛制成，具有很强的保暖性和耐用性。赛达的腰部设计宽松，便于选手在比赛中运动和施展技巧。这些摔跤服饰都是经过精心设计和制作的，以满足摔跤比赛的需求，反映出蒙古族人们对草原生活的理解和尊重。

比赛时，摔跤手要穿好摔跤服。上身为皮质的短袖衣，胸前裸露。短衣上缀数百枚闪亮的银或铜泡钉，背正中镶有圆形龙或狮纹金属片，以示

正在做准备的摔跤手。

威武。腰系用红、黄、绿三色绸制成的摔跤裙。下着用白布缝制的肥大摔跤裤，外面再套上绣有吉祥图案的套裤。足蹬皮靴，颈上系五彩绸帛编结的"蒋嘎"（又称吉祥结、护身结），蒋嘎上的彩条愈多，表明获胜的次数越多。

蒙古族摔跤服饰是草原文化的重要象征，它承载着蒙古族人民对草原生活的热爱和尊重。这些服饰不仅在摔跤比赛中发挥着实际的作用，更在传递着蒙古族人民对自然、生活和文化的独特理解。每一件博格、赛达，都是草原风情的展现，都是蒙古族摔跤文化的一部分。

在查干花草原的一个小村庄里，生活着一位名叫巴特的老人，他是村里的摔跤服饰制作工匠。巴特从小就跟随祖辈学习制作摔跤服饰，这一技艺已经在他家族中传承了数代。他精通制作摔跤服饰的各个环节，从挑选材料到设计图案，再到精湛的缝制，他都游刃有余。

一天，一个年轻的摔跤选手阿尔坚找到了巴特。他希望巴特能够为他制作一套精美的摔跤服饰，以准备下一场重要的比赛。巴特欣然答应，他知道这是一次机会，也是对自己技艺的一次挑战。

制作摔跤服饰需要精心的准备和细致的工作。巴特首先与阿尔坚商讨了服饰的款式和图案，他们决定以草原上的动物和自然景象设计元素，接下来，巴特开始挑选材料，他从村里的工坊选购了最优质的皮毛。

在制作过程中，巴特将精湛的技艺展现得淋漓尽致。他用巧妙的刺绣将摔跤服饰点缀出绚丽多彩的图案，用精准的缝制确保服饰的质地舒适且坚韧。在制作博格时，他选择了柔软而坚韧的料子，以保护选手的肩膀和背部。

经过数日的努力，一套精美的摔跤服饰终于完成了。巴特将它呈现给了阿尔坚，阿尔坚看着镜子里的自己，非常满意。他知道，这套服饰不仅是他的装备，更是一份草原文化的传承和荣耀。

比赛的日子终于到来，阿尔坚穿上了巴特制作的摔跤服饰，站在赛场上，他感受着草原的风，心中充满了自信。他的精彩表现赢得了观众们的赞叹和掌声，也让巴特感到由衷的骄傲。

巴特知道，他不仅制作了一套服饰，更传承了一代代草原工匠的巧手和智慧。他愿意将这份宝贵的遗产传递下去，让草原的摔跤服饰继续闪耀着独特的光芒，讲述着草原文化的传奇。

蒙古族摔跤手正在激烈对抗。

摔跤

127

独特规则

　　蒙古式摔跤赛有一套自我体系的规则，一般按传统习俗先推举一位德高望重的老者将参赛者编排配对，并负责裁判。

　　蒙古式摔跤参加比赛之人数必须是双数，不能出现奇数。比赛的选手不分地区，不限年龄，不限体重。

　　选手入场的形式极具特色，在观众的欢呼声和歌声中，选手边舞边进。起始，各个昂首挺胸，步法慢跑似骆驼步，徐徐向前。至中途，两手攥拳，前后左右上下猛抡双拳，高抬腿，稳落步，边舞边进，成狮步。接近场中时，两臂伸直如鸟飞翔，两手上下振动慢舞，成鹰步，并向主宾、主持者及观众致意。

选手之间在狭小的圆形场地内，使用一只手抓住对方的腰带，以另一只手或其他部位摔倒对方，让对方身体着地。比赛分为多个回合，持续到有一方被完全摔倒为止。蒙古族摔跤不同于其他摔跤形式，更注重技巧、力量和反应能力的综合发挥，以及选手之间的协调和平衡。

摔跤比赛实行淘汰制，以将对方摔倒为赢，一跤决定胜负。双方的手只允许触及对方臀部以下的部位，不许抓腿抱腿，也不许跪腿去摔。用脚的招数时，不许超过臀部，以免伤害对方。除互比力气外，招数与技巧是决定胜负的重要因素。主要动作有踢、拧、闪、捉、拉、扯、推等基本动作和勾子、绊子、坎子、别子等大招数。获胜的一方要伸手将对方扶起，以示胜不骄、败不馁的王者风范。

在草原上，摔跤是一种古老而充满荣耀的传统体育，它不仅是比赛，更是草原精神和文化的体现。

在一个小村庄中，年轻的摔跤选手巴特是这个村子的骄傲。从小，他就饱含着对草原的热爱，每一次的摔跤比赛都是他磨练自己的机会。巴特身材高大，肌肉发达，眉宇间透露出坚定的目光，他的内心充满了对胜利的渴望。

一年一度的草原摔跤比赛即将到来，各个村庄的摔跤选手都聚集在一起，争夺着荣耀和尊敬。巴特也怀着激动的心情参加了比赛，他穿上了家族的传统摔跤服饰，那是他祖辈流传下来的草原工艺品。他的上衣是一件厚实的博格，装饰着细腻的刺绣，象征着他的草原身份和家族荣耀。赛达柔软而坚韧，可以为他在比赛中提供最好的保护。

比赛场上，观众如云，摔跤手们骁勇善战，他们在沙尘飞扬的草原上展示着自己的勇气和力量。巴特的名字很快就引起了人们的关注，他的表现引发了一片喝彩。然而，比赛中的对手也同样不容小觑，他们来自各个村庄，都是顶尖的摔跤选手。

巴特的第一场比赛开始了，他迎战一位体格强壮的对手。比赛中，

摔跤

129

双方你来我往难分胜负。

他们你来我往，力量的碰撞使他们发出震耳欲聋的声音，观众们紧张地注视着比赛的进程。巴特展现出了他精湛的摔跤技巧，灵活地避开对手的攻击，然后用一招独特的摔法将对手制服。观众们欢呼雀跃，为他的胜利鼓掌喝彩。

比赛进行得越来越激烈，巴特在每一场比赛中都成为人们瞩目的焦点。他与各路强手相遇，每一场都是一次挑战和考验。无论是体力的消耗还是技巧的施展，他都毫不畏惧，以坚韧的毅力和不屈的意志战胜了一个又一个对手。

终于，决赛的日子到来了。巴特与另一位来自远方的摔跤手站在赛场上等着开始的号令，他们目光坚定，胜利的荣耀近在咫尺。比赛开始，双方你来我往，时而等着开始的号令施展矫健的摔法，时而施展精湛的技巧，让比赛充满了紧张和悬念。最终，巴特用一招出奇不意的摔法，制胜了对手，赢得了比赛的胜利。

巴特的胜利不仅是自己的荣耀，更是整个部落的胜利。人们为他欢呼，歌颂他的勇气和毅力，他的名字成为了草原上的一个传奇。巴特知道，这不仅是他个人的胜利，更是他所代表的草原精神和文化的胜利。

故事结束的时候，巴特依旧在草原上驰骋，继续用他的摔跤技巧展现着草原人的坚韧和勇敢。他的故事成为了草原上的一个传奇，激励着蒙古族人，勇往直前，传承着草原的荣光。

还有一个名叫巴特尔的年轻蒙古族人，他身材高大，肌肉发达，是草原里备受瞩目的摔跤手。巴特尔从小就展现出卓越的体格和对摔跤的兴趣，他时常在草原上与同龄人切磋，锻炼自己的摔跤技巧。

一年一度的草原摔跤比赛即将举行，这是整个草原族群盛大的聚会，也是展示勇气和力量的时刻。巴特尔下定决心要在这场比赛中取得胜利，赢得族人们的尊重和认可。然而，在他的对手阿尔坚看来，巴特尔只是个嚣张的新人，他也是草原里的一名摔跤高手，早已习惯了胜利的滋味。

比赛的日子终于到来，草原上的人们都聚集在比赛场边，气氛异常激烈。巴特尔和阿尔坚在比赛场上相遇，气氛凝重而又紧张。比赛开始后，双方展示出了惊人的技巧和毅力。

然而，在比赛的过程中，巴特尔受到了一次重击，右手腕被扭伤，疼痛难忍。这个意外让巴特尔陷入了困境，他感到自己的力量在逐渐消失。但是，他没有放弃。他想起了自己为了这一刻所付出的努力，想起了人们对他的期待，他的意志重新燃起。

巴特尔咬紧牙关，毫不退缩。尽管受伤，他还是坚持展示出了惊人的毅力和技巧，最终，他用一记出奇不意的摔法战胜了阿尔坚。观众们为他的表现欢呼鼓掌，他们看到了一个真正的蒙古勇者，一个不畏困难、勇往直前的摔跤战士。

巴特尔的坚韧意志和毅力使他成为了这次比赛的冠军，他赢得了族人们的尊敬和赞美。他与阿尔坚之间的这场激烈对决，成为了草原上的一段佳话，激励着更多的年轻人勇往直前，追逐自己的梦想。他的名字被永远铭刻在草原的风中，成为了蒙古族摔跤精神的象征。

搏克精神

草原上的人们把蒙古式摔跤称作"搏克"（蒙语意为结实、团结、持久），在悠久的历史发展中，逐渐形成了一种独特的搏克精神。

蒙古族摔跤不仅是一项竞技，更是一种文化的传承。比赛中选手们会穿着传统服饰，整个比赛过程伴随着特有的音乐和舞蹈，展现出蒙古族人们对自然的敬畏和对草原生活的热爱。这种文化元素丰富了蒙古族摔跤的独特魅力，也使其成为了草原上的一场盛大的视觉和听觉盛宴。

蒙古族摔跤不仅是一项体育竞技，更是社会交流和团结的方式。摔跤比赛是草原社区中的重要活动，无论男女老少，都能够参与其中。比赛不仅展现了个体的力量和技艺，还强调了团结合作、友好竞争的价值观，这在草原社会中有着深远的影响。参与者在比赛中展现着毅力、智慧和草原人的坚韧品质。搏克精神不仅是一种体育竞技精神，更是蒙古族文化的重要组成部分，它传承着草原人民的智慧和勇敢。

搏克精神是一种不畏艰难、敢于挑战的勇气。在搏克比赛中，选手们需要面对强大的对手，经历身体的疼痛和努力的付出。然而，他们不退缩、不屈服，以坚韧的毅力和决心战胜困难，追求胜利。这种勇气和坚持的精神，体现了草原人民面对困境时的顽强和不屈。

　　搏克精神也是一种智慧和技巧的展示。搏克不仅仅是力量的较量，更是一种技巧和智慧的斗争。选手们需要灵活运用摔法和格斗技巧，寻找对手的弱点，制胜对手。这需要他们在瞬息万变的比赛场上保持冷静和清醒的头脑，运用智慧战胜对手。搏克精神强调了智慧和技巧在竞技中的重要性，传递了草原人民智慧的传统。

　　蒙古式摔跤，如同草原的骏马奔腾，是力量与技巧的完美结合。选手们在摔跤场上展现出卓越的体格和丰富的技艺，以柔克刚，以刚制柔，创造出一个个令人惊叹的瞬间。这种竞技形式不仅是体力的较量，更是智慧与勇气的交织，充分展现了草原人民的多重优秀品质。

　　蒙古式摔跤是一门秉持尊重和友善原则的竞技艺术。在比赛中，选手们以友好的态度相互对待，无论胜败，都能以礼相待，传递出团结友爱的草原精神。这种文化特质让蒙古式摔跤不仅是一项竞技，更是一种文化的载体，弘扬了互相尊重和谦逊的价值观。

　　蒙古式摔跤富有仪式感和庄严的氛围，每一次比赛都像是一场草原的盛会，吸引着人们的目光。选手们身着传统服装，迎风拂动的旗帜象征着他们对草原的敬意。他们以精湛的技艺和不畏艰难的勇气，向世人展示了草原民族的骄傲与自信。

　　蒙古式摔跤的传承和发展，保留了草原文化的真实面貌，是草原人民智慧的象征。这项古老的竞技，不仅让人们体验到草原的精神世界，还加深了人们对草原文化的了解和认同。它跨越时代，以一种独特的方式，向世界展示了蒙古族的豪迈与独立，为草原民族的荣耀增光添彩。

　　总之，摔跤是一门承载草原文化精髓的竞技艺术，它展现了草原民族的坚毅、友善和团结。通过这项古老的竞技，我们可以更深入地了解和欣赏草原文化的博大精深，感受到蒙古族人们对生活的热爱和对自然的敬畏。

祭敖包

在蒙古族人们的生活中，有一个古老的仪式一直在代代相传，连接着人与自然，承载着祈愿和感恩的情感，那就是敖包祭祀。敖包祭祀如同草原上的明灯，将蒙古族人们与自然、与神灵连接在一起。它不仅承载了蒙古族人们对自然的感恩，更传承了千百年来的智慧和情感。通过丰富的仪式过程，人们用心灵的呼唤将祈愿传递至苍穹，以期盼风调雨顺、丰收幸福。在现代社会，保护和传承敖包祭祀，意味着保护蒙古族人的根与魂，让这一独特的文化在时光的长河中永恒绽放。

传统的蒙古舞蹈"博舞"。

古老神奇的敖包

敖包祭祀作为蒙古族传统文化的重要组成部分，历史悠久而神秘。

这一仪式源远流长，可追溯至古代草原民族的部落信仰和祭祀习俗。敖包以石头堆积而成。敖包祭祀起初是古代蒙古族人对大自然的崇敬和感恩之情的表达。随着时间的推移，敖包祭祀逐渐融入了宗教信仰，成为一种崇拜神明、祈求祝福的宗教仪式。

敖包祭祀历史中承载着丰富的文化内涵。在早期，它是草原部落对丰收、平安和生活幸福的祈愿。随着社会的发展，敖包祭祀也渐渐融入了政治、宗教、文化等多个层面，成为蒙古族重要的文化活动。

在现代，尽管社会环境发生了巨大变化，敖包祭祀仍然保持着其独特的价值。它不仅是对传统文化的传承，更是对自然、生活和情感的一种诉求。通过敖包祭祀，蒙古族人民将古老的信仰与现代的生活相结合，传承着对大自然的崇敬和感恩之情。

在草原上，有一个小部落，他们热爱大地，崇拜自然，每年春秋之交，都会举行一场盛大的敖包祭祀。

这个小部落的祖先们过着简朴的生活，依靠牛羊为生。每当大地赐予了他们风雨，他们的牲畜就会健康成长，生活得到保障。然而，有一年，

蒙古族人们正在进行祭祀仪式。

祭敖包

135

大地突然陷入了干旱，牧草枯萎，牛羊无法找到足够的食物，人们的生活变得困苦。

面对生活的艰辛，一个年轻的牧民艾伦决定寻求神灵的庇佑，他前往部落中一座古老的敖包，这座敖包有几百年的历史。在一片宁静的草原上，他跪下祈祷，请求神灵的帮助。艾伦的祈祷是心府的呼唤，渴望着风雨的降临，恢复大地的生机。

在艾伦祈祷之后，一个奇迹出现了，乌云密布，雷声隆隆，大雨滂沱而至。雨水滋润了干旱的大地，牧草重新茂盛，牛羊们欢欣鼓舞地奔跑。部落中的人们都感受到了神灵的恩赐，他们决定以敖包祭祀来感谢神灵的庇佑。

于是，部落的人们开始了为期数日的准备工作。他们采摘了各种鲜花，准备了美味的食物，装点敖包的四周。女人们织起五颜六色的彩带，男人们奏响马头琴，整个部落充满了喜悦和期待。

在敖包祭祀的那一天，太阳刚刚升起，部落的人们穿着华丽的传统服装，聚集在敖包的周围。一位长者走上前，手持羊脂球点燃了香炉，烟雾弥漫，将祭祀的场地映照得神秘而庄重。然后，他奏响马头琴，歌声回荡在草原上，吟唱着对神灵的颂扬。

随着歌声的响起，部落的年轻人跳起了传统的蒙古舞蹈，他们的舞步轻盈而有力，仿佛与大地相连，将祈祷送往天空。女人们手持鲜花，围绕敖包跳着，花瓣洒落，如同洒向大地的祝福。

人们身着盛装，围绕着敖包跳起蒙古舞蹈。

在舞蹈和歌唱之后，部落的族长走上前，手持金盘，上面摆放着各种美味的食物和饮品。他们将这些供品献给神灵，表达感恩之情，同时祈求未来的丰收和幸福。

随着祭祀的进行，整个草原仿佛被神圣的氛围包围，人们的心灵与大自然交融在一起。

最后，族长点燃了一束五色的香火，烟雾袅袅升起，将人们的祈祷传递至天空。部落的人们闭上双眼，默默地祈祷，他们的心愿随着烟雾飘向苍穹。

敖包，这个古老神奇的存在，如同草原上的明珠，它不仅是土地的一部分，更是蒙古族文化和灵的寄托。

敖包，象征着天地交融，是人与自然和谐共生的哲学。在辽阔的草原上，每一座敖包都是一座神圣的所在，承载着蒙古族人们的祈愿与情感。它们分布在草原的各个角落，高低起伏，如同草原上的脉络，将人们与大地连接在一起。

敖包闪烁着蒙古族人的信仰与向往。

每一次敖包祭祀都是一场虔诚的仪式。在春风拂过的时候，蒙古族人们身着盛装，围绕着敖包跳起蒙古舞蹈，歌声在草原上回荡。他们将精心准备的供品摆在敖包周围，食物、奶制品代表着他们的感恩之情。这些供品不仅是物质的，更是心灵的献礼。

祭祀的高潮部分，是那一刻的凝聚与呼唤。长者领导着祭祀者闭上双眼，手持香火，默默地向神明祈愿。他们的呼唤仿佛穿越时空，抵达苍穹。这一刻，草原上的静谧被打破，神明听到了他们的心愿，他们获得了丰收、幸福、健康和长寿。

敖包祭祀是一次与神明的交流，更是他们对美好生活的追求表达。他们向往自然的和谐，期盼丰收和幸福，渴望健康和长寿。敖包，

祭敖包

137

是蒙古族人的精神家园，是他们信仰的根基，是他们向往美好的桥梁。每一次敖包祭祀，都是一次心灵的洗礼，让人们在神秘的仪式中找到生命的意义和动力。

独特的祭祀仪式

敖包祭祀是蒙古族文化的瑰宝，其独特的仪式流程和神秘的象征意义深深地吸引着人们。

敖包的选址是一个重要的环节。敖包通常建在较高的地方，能够俯瞰周围的草原，象征着连接天地的通道。敖包的修建需要部落的长者来带领的，他领着人用土块、石头等搭建出敖包的圆形结构。

舞蹈、歌唱和音乐是敖包祭祀中的重要元素。部落的男女老少会围绕着敖包跳起传统的蒙古舞蹈，舞姿翩翩，生动活泼。歌唱是表达祈祷和情感的方式，歌声悠扬，如同草原上的鸟儿在欢快地歌唱。

在敖包祭祀中，献上各种供品是重要的环节。食物、奶制品等供品代表着人们的感恩之情，同时也是对神明的献礼。这些供品会被安置在敖包的周围，等待神明的接受。

敖包祭祀的高潮部分是祈愿和呼唤。长者会领着祭祀者们闭上双眼，默默地祈祷，用心灵的呼唤向神明传递自己的祈愿和心愿。在这一时刻，整个场面显得庄严而虔诚。

敖包祭祀不仅是宗教仪式，更是蒙古族文化的传承和凝聚力的形成所在。

通过这一仪式，长者们将宗教知识、文化传统传递给年轻一代，加深族人之间的情感联系。

博舞。

在现代社会，敖包祭祀依然在蒙古族人们的聚居地中举行。但随着时代的变迁，一些现代元素也逐渐融入了仪式中。敖包祭祀成为弘扬民族文化、加强族群凝聚力的途径，同时也吸引着游客和研究者的关注，成为了文化交流的桥梁。

关于敖包祭祀还有一个小故事。

很久以前，人们生活在草原上，靠着牧群和耕田为生。他们对大自然充满敬畏和感激，深信草原上有神秘的力量保佑着他们。

有一年，草原上的干旱使得作物枯萎，牲畜缺乏饲料。这里的人们陷入了困境，无法解决这个问题。然而，有一个年轻的少年，名叫巴特。他虽然年幼，但却有着勇气和智慧。

巴特决定去寻找神明的帮助。他踏上了艰苦的旅程，跋涉了许多天，最终来到了一个荒凉而神秘的地方，那里有一座高大的敖包。

巴特面对着敖包，闭上双眼，默默地祈祷。他用最真诚的心声向神明祈愿，请求神明的保佑和指引，希望能够解救人们。就在他祈祷的时候，一阵微风吹过，他感到一股神秘的力量与他相连。

当巴特睁开眼睛时，他惊讶地发现敖包的周围已经长出了新的绿草和花朵。他明白，神明已经回应了他的祈愿，赐予了草原新的生机。巴特心怀感激，带着喜悦回到了部落。

他向人们讲述了他与神明的交流，以及在敖包神秘力量的帮助下，草原复苏的奇迹。人们纷纷感叹神明的威力，决定每年春秋之际，举行敖包祭祀仪式，表达对神明的敬意和感恩之情。

从此以后，人们每年都会聚集在敖包周围，举行盛大的敖包祭祀仪式。他们跳起蒙古舞蹈，手持香火，向神明祈祷，将感恩之情传递给大自然。这个故事也让敖包祭祀仪式在世代相传中变得更加深刻和神秘。

前郭尔罗斯蒙古族自治县是一个拥有丰富草原资源和独特蒙古族文化的地方，在这片美丽的草原上，有着许多重要的敖包，代表了当地蒙古族人对自然和神灵的崇敬之情。

达吉敖包位于前郭县的白音花村，是当地蒙古族人举行敖包祭祀的地点之一。每年他们都会在这里举行盛大的敖包祭祀仪式，通过歌舞、祈祷和供品，表达他们对大自然的感恩之情。达吉敖包是蒙古族人们情感的寄托和文化的传承。

随着祭祀的进行，人们的心灵与大自然交融在一起。

郭尔罗斯敖包位于查干花草原，是这片草原上又一个重要的祭祀地。这座敖包象征着人们对富饶和丰收的期盼。每逢敖包祭祀的特定日子，这里的人们会在郭尔罗斯敖包举行隆重的仪式，用歌声、舞蹈和供品向神灵表达感激之情，希望神明保佑他们的家园和生活。

长寿敖包坐落在前郭县的老英台屯，它代表着人们对健康和长寿的祈愿。在蒙古族文化中，长寿被视为一种幸福，因此，这座敖包的意义非常特殊。每当春秋之交，村庄的人会集结在长寿敖包周围，展开一场生动的敖包祭祀仪式。他们用歌声歌颂神灵的恩典，用舞蹈表达对生命的珍视，用供品传递对健康和长寿的愿望。

这些敖包不仅是蒙古族人的信仰场所，更是草原上的文化符号。它们承载着丰收、幸福和健康的期盼，见证着蒙古族人们与大自然的紧密相连。通过敖包祭祀，人们将自己的情感和希望传递给了神灵，也将这份独特的文化传承了下去，让草原的风景更加丰富多彩。

美好生活的向往

在前郭县的一片宁静而神秘的草原上，有着一个小村庄，敖包祭祀的传统在这里得到了别样的延续。

故事的主人公是一位名叫艾琳的年轻女孩儿。自小，她在村庄的草原上奔跑，那里的每一寸土地，每一缕风，都仿佛融入了祖辈的智慧与信仰。敖包祭祀是她儿时最美好的记忆，那是一个家族聚集的时刻，也是她对大自然表达最深切感激的时候。

然而，年少的她走出了草原，来到了繁华的城市，追寻着自己的梦想。城市的生活丰富多彩，然而也让她的内心愈发感到迷茫。她常常在寂静的夜晚，怀念起村庄的敖包祭祀，那份虔诚和平静，仿佛是生活中的一盏明灯。

某年秋天，艾琳决定回到村庄，参与敖包祭祀。当她再次踏上草原，感受到空气中弥漫的神秘，仿佛时光倒流，她重返了那段纯真的时光。

达吉敖包所在地。　　　　　　　　蒙古族人们向往与自然的和谐。

　　敖包坐落在草原的中心，它似乎是连接天地的纽带，是人与自然相融的见证。五色的香火点燃，烟雾在空中缭绕，将人们与神明连接在一起。舞蹈的旋律响起，艾琳牵着村庄的孩子们，围绕着敖包跳动。舞蹈的动作仿佛是对大地的拥抱，歌声如同诉说着对生活的感恩。

　　长者们带领着人们将精心准备的供品摆放在敖包周围，代表了感恩与虔诚。他们闭上双眼，手持香火，默默地祈祷，那一刻，仿佛时间停止了，只留下内心的呼唤。

　　仪式结束时，族人们一同高声呼唤，声音如同草原上的风，将祈愿传递给苍穹。有一种强烈的情感涌上艾琳的心头，她明白，这些呼唤不仅仅是祈愿，更是一种心灵的净化和释放。

　　回到城市后，艾琳用饱含情感的文字，将这场敖包祭祀的经历和内心情感，编织成一篇美丽的故事。这个故事被分享出去，传播开来，吸引了越来越多的人关注。

　　敖包祭祀的意义在现代社会中得到了传承和发扬。这个古老的仪式在连接过去与现在的同时，也在连接着人们的心灵与信仰，让每个人都感受到了那份美好。而艾琳也因这次重回故里，又找回了内心深处的那份平静和向往。

每一次敖包祭祀，都是一次心灵的洗礼。

敖包祭祀作为蒙古族文化中的重要仪式，不仅仅是对神明的敬仰和感恩，更是人们对美好生活的向往和渴望的体现。在敖包祭祀中，人们通过虔诚的祈祷、歌舞和供品，表达了对幸福、健康和丰收的渴望。

敖包祭祀的背后蕴含着人与自然的和谐关系。蒙古族人居住在广袤的草原上，对自然的依赖和尊崇极其深厚。通过敖包祭祀，他们希望能够获得自然界的庇佑，实现与自然的和谐相处，享受大自然的恩赐。

草原上的蒙古族人们主要以放牧为生，丰收和牲畜的健康对他们来说意义重大。在敖包祭祀中，人们将丰收和幸福视为最美好的事物之一。通过祈祷和供品，他们希望能够获得来自神明的祝福，保佑他们的生活蒸蒸日上，家庭幸福美满。

敖包祭祀是蒙古族人们的重要活动，能够加强族群的凝聚力。人们通过共同参与祭祀，分享感恩和美好的情感，加深了彼此之间的联系。同时，敖包祭祀也是蒙古族文化的传承媒介，通过代代相传的仪式、歌谣和舞蹈，将美好的价值观和生活理念传递给下一代。

祭敖包

143

舞龙

舞龙习俗与现代文化相互交融。

龙腾不熄

世界上凡是有中国人居住的地方，都把龙作为吉祥之物，在节庆、贺喜、祝福、驱邪、祭神、庙会等活动中，都有舞龙。这是因为，龙是中华民族世世代代所崇拜的图腾。龙是海中神物，在古代被看成能行云布雨、消灾降福的神奇之物。数千年来，炎黄子孙都把自己称作是龙的传人。地方不同，舞龙的风俗有所不同，所以舞龙的形式也有许多地方特色。

龙乃中国四灵之首，龙在人们的心目中，是祥瑞的灵物，是和风化雨的主宰，也是狂涛骇浪的破坏者。它的力量，就连最凶猛的野兽也不能与

144

舞龙，在民俗上与龙有着紧密的联系，只是地方不同，风俗有所不同，所以舞龙的形式也有许多当地特色。

之匹敌。龙是水中主宰，在中国沿海一带，渔民皆立庙祭祀，以求风调雨顺，所以龙在沿海一带的神话亦特别多。

中华民族是一个富有创造力的民族。纵观各地人民的舞龙表演，种类繁多，各具特色。常见的有火龙、草龙、毛龙（贵州石阡）、人龙、布龙、纸龙、花龙、筐龙、段龙、烛龙、醉龙、竹叶龙、荷花龙、板凳龙、扁担龙、滚地龙、七巧龙、大头龙、夜光龙、焰火龙等近百种之多。龙灯的节数一般为7节、9节和13节。从久远的年代起，舞龙活动经久不衰，一代又一代流传下来。而舞龙的习俗来源却有着诸多不同的故事，吉林地区的舞龙习俗就具有很强的地域特色。

古人认为一年的水旱都与龙、云有关，于是在春天的祭祀之中，人们通过舞龙来祈求风调雨顺。舞的龙一般为草龙，龙舞完后要烧掉。到了五月，南方发生"端午水"，即洪水，人们祭祀水中之龙，要划龙舟，驱赶逆龙。所以人们要舞龙，是想以舞龙来祈求神龙，以保风调雨顺、五谷丰登。

闯关东给吉林地区带来了大量的中原人口，而中原的许多传统习俗也随之继承下来，舞龙就是一个重要的特色民俗，随之而来也产生了许多神奇的民俗故事，而"荷池神龙"就是其中之一。

舞龙

荷池神龙

人们口中流传着一个故事，古时候有一个荷花池，池边住着一对勤劳善良的青年夫妇，男的叫百叶，女的叫荷花，夫妻俩男耕女织，相敬相爱。

这一年，荷花怀了孕，过了十个月，孩子却没有生下来。又过了一年，还是没有生下来，直到第九百九十九天，才生下了一个男孩儿。

百叶见孩子生得端正健壮，好生喜欢。再仔细一瞧，更是错愕不已，这孩子的胸口背脊上竟长着细细的龙鳞，金光闪闪，耀人眼目。数一数，有九百九十九片。

旁边的接生婆一见，大吃一惊，嚷道："哎呀，了不得，你们家里生了个龙神！"

消息传遍村子，人人都来道贺。消息惊动了村里的老族长。老族长的儿子在朝廷做官，他的身边留着一个横行霸道的丑孙子。这祖孙俩一听到百叶

家里生下龙种，立刻手持钢刀要来砍杀。

乡亲得到消息，马上给百叶报信，大家细细商量，想出了个办法：将孩子放在脚盆里，悄悄把他藏到门前的荷花池中。

老族长和他的孙子带人冲进门来，孩子已经不见了。老族长见找不到龙种，抓住百叶逼他交出来。孙子见荷花长得美丽，心生一计，举起钢刀杀死了百叶，把荷花抢到家里。

老族长心想，龙种没有了爹娘，即使活着，也必定饿死。再说荷花会生龙种，将来龙种会生在自己家里，这天下就是自己家的了。

荷花被抢到老族长家里，她想念丈夫和孩子，十分悲痛。老族长逼着她去淘米，荷花拿着淘罗走到池边，轻轻漾动池水，忽然一阵凉风吹来，荷塘深处，花叶纷纷倒向两边，让出一条水路来，只见自己的儿子就坐在脚盆里，向她漂来。

荷花又惊又喜，连忙将儿子抱到怀里，喂饱了奶水，仍然放回脚盆里。一阵凉风，脚盆又漂回到荷花丛中。荷花知道儿子没有饿死，心里十分高兴。

自此，她一日三次到池中淘米，就给儿子喂上三次奶水。这样喂了九百九十九天，儿子渐渐长大，满身龙鳞闪耀金光。

到了夜里，荷花池中光芒四射。村子里的老百姓知道龙种没有被灭掉，暗暗高兴。老族长得知龙种竟在荷花池中，又生毒计。

一天傍晚，荷花到池边淘米，族长祖孙两个躲在杨树丛里察看动静，只见碧波荡漾，花叶浮动，一阵凉风吹来，荷塘深处徐徐漂来一只脚盆，盆中坐着个满身金色的孩子，欢乐地举着双手向淘米的荷花扑过去。

荷花满心欢喜，正要伸手去抱，树丛中闪出个人，举起明晃晃的钢刀直向孩子砍去。刹那间，只见孩子从脚盆里倏地跳起来，化成一条金色小龙，向池中跃去。可还是迟了，那一刀砍到了小龙的尾巴。

荷花丛中停着的一只美丽的大蝴蝶，忽然飞过去，用身子衔接在小龙的尾巴上，一对美丽的翅膀变成了小龙的尾巴。

舞龙

147

舞龙的场面，相当宏大热闹。

　　小龙长啸一声，霎时间，狂风大作，乌云翻滚，满池荷花的花瓣也纷纷扬扬飞旋起来。霹雳闪电之中，小龙的身体渐渐变大，化成了数十米长的巨龙，在荷花池上空翻腾飞跃。

　　这时，一阵龙卷风刮了过来，巨龙腾空而起，乘风直上，飞入云端。这阵龙卷风好不厉害，那个砍龙尾巴的人被卷到半空，被抛得无影无踪。老族长见孙子被风卷走，"扑通"一声，吓得跌进了荷花池。

　　荷花看见儿子化成一条巨龙飞上天空，大声呼喊，但巨龙已经飞得无影无踪。自此以后，苕溪两岸每逢干旱，小龙就来行云播雨。

　　当地百姓为感谢它，就从这个池中采摘了七七四十九朵荷花，用了九百九十九叶花瓣，制作成一条花龙。因为不到一千叶，所以取名百叶龙。

　　每年春节，老百姓就要敲锣打鼓来舞龙。这个传说表达了人们除恶敬善的美好愿望。

神龙救世

有一个传说是关于北海龙王的。一天，北海龙王腰痛难忍，把龙宫中的所有药物都吃了，仍不见效。只好变成老头来到人间求医。大夫摸脉后甚觉奇异，问道："你不是人吧？"北海龙王看瞒不过去，只好说出实情。于是大夫让他变回原形，从他腰间的鳞甲中捉出一条蜈蚣。经过拨毒、敷药，北海龙王完全康复了。为了答谢治疗之恩，龙王向大夫说："只要照我的样子扎龙舞耍，就能风调雨顺，五谷丰登。"这件事传出后，人们便以舞龙助兴。

另一个传说则发生在奋边山下有一条名叫"溪溪流"的地方，人们每天都用灵溪的水来浇灌稻田。有一天，县老爷和随从正在巡视乡野的时候，忽然看见几名大汉扛着一个大笼子，上前一看，才知道笼中是一只大蛇，而且大蛇还在留着泪。县老爷看了不禁动了恻隐之心，于是对几位大汉说："壮士们，这只大蛇能否卖给我？"几位大汉见县老爷要买这只大蛇，连忙应允。县老爷将大蛇带回家中

逢有大节日、大庆典及出会巡游等，必有舞龙助兴。

饲养，起初县老爷命人喂生肉给大蛇吃，但大蛇都不吃，后来才知道大蛇和人类一样，只吃米粮，让县衙府中的人啧啧称奇。

日子一天天过去……

这年夏天特别炎热，又不曾下雨，灵溪渐渐干涸。百姓天天对神明祈祷，希望老天爷能够天降甘霖，以解干旱之苦。县老爷见到这种情形，心中十分忧虑，天天对上苍祈祷："但愿上天早降甘霖，解我一县百姓干旱之苦哇！"一天夜里，县老爷做梦梦到本县的土地公，土地公对他说："由于你的善心感动了玉帝，明天中午把大蛇放入灵溪，自然就会有雨水降临。"

县老爷醒后，便马上派人到灵溪烧香祝祷，并将大蛇放入灵溪当中。过了几天，果然下起雨来了，解了百姓的干旱之苦。后来，人们为了答谢大蛇，不但烧香祭拜，还将大包大包的米丢进溪里，希望来年有个大丰收。就在人们用米祭拜大蛇的同时，天气变得很奇怪，不是一连几天出大太阳将人晒伤，就是大雨连绵不断，此景让百姓们忧心忡忡。

一天，县老爷正在书房为这几天来的怪天气烦恼时，忽然瞥见大蛇回

双阳舞龙现场。

来了，并对他说："我原本是奇灵山的巨龙，也是掌管米粮的天神。由于犯了天规，被玉帝贬到人间来，后来由于你的善心感动了玉帝，才让土地公放了我。"

但是，大家都把米粮丢进溪中祭拜，糟蹋了粮食，玉帝知道后大怒，要罚宁古县大旱两年。"县老爷一听，大吃一惊，连忙问说："有没有补救的方法呢？"大蛇说："只要今后祭祀只用清水便可，不要用鸡、鸭、鱼、肉，以免玉帝动怒。"县老爷听完，谢过大蛇之后，便下令全县老百姓照大蛇的话去祭祀。但是，县里还是有些人并不遵照大蛇的指示，依然用鸡、鸭、鱼等荤食祭祀。玉帝知道后，更加震怒，说："灵溪巨龙，你不是说他们已经知道悔过了吗？怎么还在继续糟蹋粮食！来人！将灵溪巨龙斩了！"

就在巨龙被斩后，这里天天下红雨，简直和血一般，属下将这奇怪的现象禀告给县老爷，并说："还有一件奇怪的事儿，就是在灵溪的岸边，从天上落下一条被分割的巨龙身体。"

舞龙

151

县老爷听完连忙赶到溪边，一看，大声惊呼："这不是我的大蛇吗？只知道人间难辨忠奸，岂知天上也是是非不分，巨龙啊巨龙！都是我们害了你！"

后来，人们知道后十分后悔，所以每逢正月十五便舞龙，希望巨龙的身躯能接合起来。这个习俗就一直流传至今。

舞龙是中国极富民族色彩的民间艺术之一。逢有大节日、大庆典、出会巡游等，必有舞龙助兴。至于舞龙始自何时，已无可稽考。但上古时代，如遇水旱瘟疫、妖孽凶灾之时，便会舞龙祈雨。龙是生活于大海中的神物，是风雨的主宰，有呼风唤雨的无边法力，故此逢旱逢涝便求它开恩庇佑。巫师术士在仪式上，模做龙的活动姿态，回旋舞动，以"似因生似果"的法术原理，以求达到祈雨祈晴的效果。如今，中国各省流行舞龙的风俗，新年春节，迎神赛会，皆少不了以金龙银龙助阵，比舞狮更热闹和生色。

舞龙

击鼓舞龙。

跑旱船

每逢过年过节的时候，百姓们就会将制作好的旱船拿出来上街一起展示和游玩。

制筏救民

跑旱船又名采莲船，这一民俗在吉林有着悠久的历史。每逢过年过节的时候，百姓们就会将制作好的旱船拿出来上街一起展示和游玩，而关于旱船的来历、出现有诸多故事。相传这一习俗是歌颂大禹治水产生的。当时洪水横流国中，尧命鲧负责领导与组织治水工作。鲧采取"水来土挡"的策略治水，而后失败。鲧治水失败后由其独子禹主持治水大任。舜帝说："禹，你也谈谈高见吧。"

禹拜谢说："是啊，君王，我说些什么呢？我整天考虑的是治水工作。"

皋陶又说："哦，那你想到什么呢？"

禹说："大水与天相接，浩浩荡荡包围了大山，淹没了山丘，民众被大水吞没。我可以乘坐着四种交通工具，顺着山路砍削树木作路标，和伯益一起把刚猎获的鸟兽送给民众。我打算疏通九州的河流，使大水流进四海，疏通田间小沟，使田里的水都流进大河。我和后稷还打算一起播种粮食，为民众提供谷物和肉食。还要发展贸易，互通有无，使民众安定下来，使各个诸侯国开始得到治理。"

皋陶说："是呀。你这番话说得真好。"

禹先带着尺、绳等测量工具到中国的主要山脉、河流作了一番严密的测量。大禹在河北东部、河南东部、山东西部、南部以及淮河北部都有考察。一次，他们来到了河南洛阳南郊。这里有座高山，属秦岭的余脉，一直延续到中岳嵩山，峰峦奇特，犹如一座东西走向的天然屏障。高山中段有一个天然的缺口，涓涓的细流就由隙缝轻轻流过。他发现龙门山口过于狭窄，难以通过汛期洪水。他还发现黄河淤积，流水不畅。于是禹大刀阔斧，改"堵"为"疏"。疏通河道，拓宽峡口，让洪水能更快地通过。禹采用了"治水须顺水性，水性就下，导之入海"。"高处就凿通，低处就疏导"的治水思想。根据轻重缓急，定了一个治的顺序，先从首都附近地区开始，再扩展到其他各地。

大禹决定集中治水的人力，在群山中开道。艰苦的劳动，损坏了一件件石器、木器、骨器工具。人的损失就更大，有的被山石砸伤了，有的上山时摔死了，有的被洪水卷走了。可是，他们仍然毫不动摇，坚持劈山不止。在这艰辛的日日夜夜里，大禹的脸晒黑了，人累瘦了，甚至连小腿肚子上的汗毛都被磨光了，脚指甲也因长期泡在水里而脱落，但他还在指挥着人们治水。在他的带动下，治水进展神速，大山终于豁然屏开，形成两

跑旱船

壁对峙之势，洪水由此一泻千里，向下游流去，江河从此畅通。

而大禹一面治理水患的同时，也一面大力制造船筏，主要用木头、竹子，还有一些皮筏，拯救那些因为洪水而流离失所的大量灾民。因为大禹的这一项措施，使得许多灾民在这场水灾之后对大禹十分敬重。

洪水退后，那些船筏便放在陆地上。农民每于耕作之闲暇，在空地上推船玩耍，叫作"跑旱船"。不料这个游戏被尧的儿子丹朱看到，便傲慢地坐在船上，经常逼着老百姓推"旱船"供他取乐。为了统一步伐，百姓们只得喊出号子。后世的人在玩儿这项活动时，嫌木船太笨重，就改用布帛或彩纸糊船，并吸收现实生活中采莲的动作，因而得名"采莲船"。

状元修桥

除了大禹的传说之外，蔡状元修桥的故事也非常有名。相传蔡状元领工修造大桥时，资金缺乏，无法按期完成，但自己贫穷，又拿不出银子，心里焦愁不安。有一天，观世音菩萨路过桥梁工地，见蔡状元领工修桥，方便大众，乃善举一桩，想助他一臂之力。

于是观音暗中变化为一个民间女子，貌若天仙，体态妩媚，向蔡状元当面说明，想在人多众广的桥梁工地择婿。她自坐船舱漂游水面，让愿为婿者以金银为弹打彩，朝她身上掷去，打中者即婚配不悔。所掷船舱金银一律归民工造桥花费。

蔡状元喜出望外，亲自组织选婿活动。告示贴出后，当地城里的公侯世子员外富翁纷纷云集河岸。谁知三日内竟无一人打中，却集攒了数以万计的金弹银丸。此时女子不见踪影，随风而去，众人瞠目惊恐，后来得知原是神女下凡资助，结果那座桥按期修成了。如今群众耍彩船时要挑选俊俏的船姑娘，即缘此而来。

后来，民间为纪念仙女造福百姓，每年新春贺岁时便以玩儿采莲船的形式来表演。

　　还有一个故事是关于秀才赶考的。古时候，一个秀才进京赶考，路过一条河时，正好渡船驶向了对岸。秀才赶路心切，大声地喊着船老板，可渡船还是慢悠悠地驶过来。秀才上船后，叹气道："我若来日中榜，誓必先架此桥。"

　　三榜过后，秀才中得头名状元，他拜谢皇恩，衣锦还乡祭祖。到了河边，跟走时一样，仍是一只小船来往渡人。他下了决心："本官返朝时，只能桥上走，决不舟中渡。"

　　回到城家中，他一不拜官，二不请客，一门心思地筹积捐款架桥。谁知道事不从心，一年过去不见桥影，两年过去还是老样子，皇上已两次延期，眼看第三年快过，河上还是一只小船渡来送往的，不但没架起桥，还会有丢官问罪的危险，老百姓更是怨声载道。苦于捐款的匮乏，状元一阵烦恼，便在堤坡上躺下睡着了。

　　这日，观音菩萨掐指一算，知道了这件事儿，便架起祥云，来到此河岸。她摘下一下柳叶，抛于河中，化成一只小船。观音菩萨左手一招，树枝和绿叶从空中飞来，落在小船上，成了一个好看的船棚，右手一指，四方鲜花飞来，落在船棚内外，再配上五色绫罗彩帘，把一只小船打扮得五彩缤纷。观音菩萨也变成了一位年轻漂亮的姑娘。她往船正中一站，招来本方土地，变为艄公，在河水正中上下不停地划游。艄公边撑船、边唱歌，姑娘抖动彩带跳舞，边跳边对岸上人说，若有人用金银珠宝打中了本姑娘，便同他成亲。

　　消息传开，城内的富家公子、阔家少爷，车拉的、马驮的，满载金银珠宝，来到河两岸投宝求婚，那金银珠宝就像下雨一样，朝柳叶化成的小船飞来。只见姑娘手舞彩扇，四面招架，不论远近高低，扔过来的财宝，全部落进了船舱，一连几天，没有一人打中姑娘。有些憨头日脑的家伙，把所带来的金银珠宝全扔光了，还恋恋不舍地不想走。

　　到了第三天，八仙之一的吕洞宾来到城外的河岸，他带着醉意一看："哎呀！什么事儿这么热闹。"

　　又朝河里小船一看，这一看不打紧，他十魂落了九魄，这样的美妙佳人，何仙姑都比不上。今日真算走运，不能轻易放过她。再一想，这么多的人打了几天没打着，这姑娘总有点儿名堂，便一手招来金山，一手招来银山，趁姑娘转身的时候，黄白亮光一闪，正好打中了姑娘的后背。观音一惊，往河岸上一看，认出是吕洞宾这厮酒后撒野，暗骂一声："秃驴，菩萨不得好饶你。"转念一想，筹架桥款要紧，此仇还是留作来日再报。现在，修桥的款已经绰绰有余，又采得金银二山，可算得上是锦上添花了。

趁河岸众人拍手呼叫时，一个漩涡浪头，将船打沉于河底，只听得"轰""轰"两声，一座金山、一座银山露出水面，变成了两座桥墩。观音又请鲁班下界，修好了桥梁、桥面、桥栏。然后，观音菩萨把收到的金银珠宝，撒遍沿河两岸，驾起云头走了。

再说，状元一觉醒来，梦中的事儿还在他脑壳里转。当他站起身来，出了城门，只见遍地是金银，百姓正热闹地争抢着。他大步来到河边，一座宽敞的大石桥跨河而过，他以为自己还在做梦，就叫随从来掐他的人中："哎呀！好疼！"醒过神来。他听人议论着观音菩萨的事儿，心想：怪不得梦见来了一只花枝招展的旱船，原来是观音菩萨下凡来搭救百姓的。

状元面朝北方三行大礼，然后来到桥上观赏。这时，他一算时间，离皇上延期的日子只有三天了。于是，他一面差人向皇上报喜交旨，一面传令百姓，按照船的样子，每家每户各扎一只。在每年春节的年初一到十五，有姑娘的打扮成姑娘，没有姑娘的打扮成媳妇，男人打扮成艄公，来到桥下，大划大唱，尽情玩闹，以感谢观音菩萨的大恩大德。

后来，这种形式越传越广，传到了全国各地。没有河的地方，改成了划旱船。发展到加锣鼓、编唱腔，成了一种人们喜闻乐见的民间传统文艺形式。

直到如今，扎旱船的老艺人，总要在船舱后壁画上观音菩萨的像，以表纪念。这便是春节划旱船的来历。

形式独特

而旱船在表演时也有自己独特的形式，旱船的队伍是由若干只旱船组织成一支表演队伍，前面有一个老翁拿桨划行领航，前行后退地表演。旱船队的表演者是碎步随领航人前进。

领航人拿着桨，亮着划船姿态，弓步前行，他在左行右行和转弯时还要作些亮相动作表演。船队的表演路线全靠他指挥来行进。

制作旱船是用细竹竿绑成船型的架子，旱船的大小不等，随人意而定。船形骨架的中间用竹竿绑个"井"字架，"井口"既是船舱的部位，也是

热闹的跑旱船表演。

表演者所在的部位，顺着船舱的四角竖 4 根竹竿，为船舱的 4 个柱子，然后在上面绑制船舱的顶部。船舱的顶有平顶的，三角形顶的，较复杂的歇山顶式的瓦楞是古建筑造型。船的骨架绑好后，用彩绸布围好各个部位。

船顶用红色和黄色的彩绸布裹好，船板用土黄色布绷面，船帮周围用绿色彩绸布围起来，船舱内用一根红布条拴在舱两边的沿儿。演出时，表演者将红布条架在肩膀上，撑起旱船，两手握住船舱的两边，表演时摆动旱船行进。

坐船姑娘的服饰是古典民间服饰，头部将发盘起大抢头插花即可，划船老翁头戴毡帽或草帽圈，身穿老生古装，脸部淡彩挂白色长髯口。

旱船的表演步伐简单，但表演的形式不少，一般有"水溜溜""绕八字""蛇脱皮""跑圆场""二龙出水""双进门"等十余种步伐。音乐伴奏，一般以锣鼓乐队为主。

划旱船是春节里一种民间传统文化，新春之际，民间艺术团体经常在街头巷尾为村民们送上轻松、欢乐又接地气的表演。这种亦歌亦舞的表演形式，生动活泼，生活气息浓厚，南国北地的人们处于的地区不同，服饰道具及舞蹈形式也有所不同。不论何种形式的划旱船，都为人们营造了欢乐祥和、健康文明的节日氛围，让乡亲们乐在其中，也传递了劳动人民最朴实的希望，表达了人们对第二年风调雨顺、五谷丰登、事事如意、大吉大利的希冀。

跑旱船

　　旱船在表演时有自己独特的形式，是由若干个旱船组织成一支表演队伍，前面有一个老翁拿桨划行领航，前行后退地表演。其余的表演者则是碎步随领航人前进。

狮子舞

"舞狮子"一般由三人完成，二人装扮成狮子，一人充当狮头，一人充当狮身和后脚，另一人当引狮人。

每当"爆竹一声除旧岁"时，在我国广阔的土地上，传统的舞狮活动就伴随着送暖的春风和欢乐的锣鼓出现在城镇和农村，为一年一度的新春佳节增添浓郁的欢乐气氛。

舞狮分为北派和南派，北派尤其以吉林的舞狮子不同，吉林狮子的造型酷似真狮，狮头较为简单，全身披金黄色毛。舞狮者（一般二人舞一头）的裤子、鞋都会披上毛，看起来已经是惟妙惟肖的狮子。狮头上

有红结者为雄狮，有绿结者为雌狮。北狮一般是雌雄成对儿出现。由装扮成武士的主人前领。有时一对儿北狮会配一对儿小北狮，小狮戏弄大狮，大狮以弄小狮为乐，尽显天伦。北狮表演较为接近杂耍。

以狮退敌

据传，宋文帝时期，宋朝交州刺史檀和之奉命伐林邑，林邑王范阳使用象军参战。这支象军士兵手持长矛，骑在又高又大的象背上，使仅用短兵器的宋军，无法接近于它，因此宋军吃了大亏。后来，先锋官振武将军宗悫想了个办法。他说，百兽都害怕狮子，大象也不例外。于是，连夜用面粉、麻布等做成了许多假狮子，并涂上五颜六色的颜料，拥有特别夸张的嘴巴。每一个"狮子"由两个战士披架着，隐伏于草丛中。他还在战场周围，挖了很多又深又大的陷阱。范阳驱象军来攻，宗悫用弓放出了假狮子，这种"雄狮"一个个翻动着斗大的血口，张牙舞爪直奔大象。

大象吓得掉头乱窜，他又乘机指挥士兵万弩齐放，受惊的大象顿时没命地向四处奔跑，不少跌到陷阱里，人和象俱被活捉。从此，舞狮便在军队中流行，随后传到民间。

天降金狮

还有一个传说，在南方流传颇广。逐鹿之战失败后，蚩尤部落的一支从黄河流域南迁，经过艰辛跋涉迁徙至如今的湖南，他们在此安居乐业，人丁兴旺。当然在生产生活中，难免遭遇危险。那时候，湖南洪荒，妖魔鬼怪出没，毒蛇猛兽横行。特别是八魔岭上，有八个魔怪吞云吐雾，喷洒病疫瘴气，呼风唤雨，洪水暴涨，残害这里的人畜性命，不少人遭到摧残。

后来，文殊菩萨知晓这里的灾难，便骑着金狮下凡，除魔灭害。金狮得了菩萨旨意，在金碧洞里降魔。那时，这里的人们从来没见过狮子，一见金狮来到人家，不知道是哪样怪物，更加吓得不敢走出木楼。过了一段

传统的舞狮活动会伴随着送暖的春风和欢乐的锣鼓。

时间，他们看见金狮不但不残害人命、不伤害牲畜，相反把八魔岭上的八个妖魔鬼怪赶走了，并把孽龙关锁到禁龙堂，为人们灭祸，赐福降瑞。从此，家家喜爱狮子，户户敬奉狮子，逢年过节要焚香点烛，搭彩敬酒，奉请金狮莅临，消受供品，增添吉祥。这样，狮子就成了这里供奉的"神狮"。一年又一年，八魔岭上的妖魔鬼怪，见金狮坐在这里不走了，非常恼恨，便与禁龙堂里的孽龙暗暗商量，欲把金狮赶走，重回湖南作恶。禁龙堂里的孽龙自然也对金狮恨得咬牙切齿，便出了个坏主意，八魔听后更加欣喜，决定按孽龙的阴谋办。

一天，八魔中的小妖魔化装成小罗汉，拿着红布扎的绣球，到金碧洞口把金狮引了出来。金狮见了绣球财宝，摇头摆尾抖鬃擦毛，跳跃打滚，欢喜地追着玩儿，小妖魔拿着绣球又逗又惹，忽抛忽滚，一步一步把金狮引到河边。这时，小妖魔突然把绣球往河里一甩，金狮为了抢绣球玩儿，不顾一切，瞪圆眼睛，竖起鬃毛，一声长啸，四脚腾起，踏波踩浪地追赶绣球去了。波推浪涌，绣球漂到了海里，金狮也就追到了海里，忘记回来了。

八魔见金狮追绣球追到海里去，立马跳起来，放声狂笑，鼻孔喷出乌烟瘴气，回到八魔岭。被关锁到禁龙堂里的孽龙，也挣断了绳索，抬头翻身与八魔狼狈为奸，兴妖作怪。这时，八魔岭乌云遮盖，歌场听不到木叶声，木楼看不见炊烟飘。这里又陷入了水深火热、血泪横流的苦难之中。

金狮到哪里去了？这里到处有人祭神，祈求金狮回来，到处有人奔走寻找金狮。人们聚集到金碧洞前，又是点烛，又是焚香，又是祭酒，三天三夜也没见金狮的身影。头人慌乱了，说若再找不到金狮，就得带着大家逃离这里。这时有个人说：一天他看见金狮由一个小罗汉耍着绣球，引玩儿到河边，小罗汉把绣球抛到河里，金狮踏波踩浪，追赶绣球去了。大家觉得一定是八魔岭的魔怪化装成小罗汉，故意把金狮引到海里去了。一个小伙子欲去寻回金狮，有的人却说："路上有好多妖魔鬼怪呀，怕是去不得！"

还有人担心说："就是到了海边，又怎么把金狮请回来呢？"

那个小伙子说："不迎请金狮回来，我们在这里就无法安身。不管路有多远，路上有什么妖魔鬼怪，我都要去！我有办法把金狮迎请回来！"

头人见他这样勇敢且态度坚决，就让大家给他预备草鞋和干粮上路。这个小伙子叫柯岩，是这里有名的猎手。他打猎不但能用毒箭射野兽，还能放各种各样的套来套野兽，上山打猎时机警灵活。他把草鞋、干粮备足带好，朝着太阳升起的地方走去。一路上，他起早贪黑，饿了就吃几个苞谷，渴了就喝几口泉水，累了就背靠大树闭目养神。不知走了多少天，来到了一个村寨，他向当地人打听海边还有多远？有个白发苍苍的老人对他说："海边究竟有多远，我也说不清，只知道海边就在那一眼望去不见山的天边。"

放眼望了望那无边无际的云海山涛，柯岩充满信心地说："老爷爷，感谢你呀，不管有多远，走一天近一天，总会走到天边的！"

这个白发老人，将了将胡须，点一点头说："嗯，说得对！就是路上不好走哇。"

柯岩问道："怎样不好走？"

老人回答说："我们这里有四句话，要走大海去，路远十万搭八千，纵使英雄和好汉难过三座山。"

"哦，哪三座山？"

老人说："听阿爷的阿爷说，头座钻天山，半截升到天中间，哪个想过去，除非是神仙。"

柯岩又问："第二座呢？"

老人回答说："二座老虎山，老虎坐山间，哪个想过去，骨头嚼稀烂。"

柯岩又问："第三座呢？"

老人想了想说："三座蟒蛇山，天灯挂两盏，只见人过去，不见人回转！"

柯岩听老人讲了这三座山，不觉沉思起来，老人在一旁自言自语地说："从我生下地，到胡须飘胸前，还没见人去过，别白白地去送命！"

吉林狮子的造型酷似真狮，狮头较为简单，全身披毛。

英雄少年

柯岩把脚上的草鞋扎紧说："不把金狮迎请回来，我的家乡就脱离不了灾难。感谢阿伯的指教，我就此告别上路了。"柯岩披星戴月，风餐露宿，送走了月亮，迎来了太阳，走了三天三夜，果然来到钻天山。柯岩抬头一看，悬崖峭壁高不可测，路无可寻。

柯岩站在岩壁脚下，仰着头，从背篓里的刀匣子抽出长把勾勾刀，砍来茶树做钩子，砍来古藤搓成索子，索子捆在钩子上，然后，把钩子往岩坎的松树甩去，钩子牢牢地勾在松树枝上，柯岩攀着古藤，轻捷如猿猴一样，几梭几梭地就爬上去了。到了头级梯坎上，他又把钩子往二级岩坎上的树甩去，再挂紧挂牢后，柯岩又攀着古藤索，嗖嗖地爬了上去。柯岩逐级往上爬，也不知道甩了多少次茶树钩子，爬了多少次岩壁坎，只晓得越爬山雾越浓，越爬离青天越近，再爬阳光便灿灿烂烂，凉风徐徐，爽快怡人。最后，柯岩终于登上了钻天山，行走在云层之上，翻过了重重峰峦，又来到了老虎山。远在三里之遥，柯岩就听到了虎啸之声，柯岩忙从刀匣子里抽出长把勾勾刀，砍了一根羊角硬木做叉，叉中间绑上毒箭，做成一把老虎叉，他扛着老虎叉，一步步向山间爬去。刚要爬到坡顶，一只吊睛白额虎就拦路坐在那里，好像

舞狮打鼓也分擂鼓、起狮鼓、行狮鼓、抛狮鼓、七星鼓。

狮子舞

167

敲锣打鼓，给舞狮助兴。

在等柯岩到来一样。柯岩沉着地选好了一块能攻能守的廊场，故意把老虎逗惹过来，老虎眼睛一鼓，胡子一翘，嘴巴一张，牙齿一磨，前脚一纵，后脚一蹬，长啸一声，抖起了个天篷罩。柯岩用木叉晃了几下，机智地躲过了老虎扑人的一连三个天篷罩。老虎扑了个空，威风气力就减掉一半，在第四个天篷罩扑来之时，柯岩将叉往地上牢牢地一竖，人往旁边一闪，老虎的颈项扑落到木叉上，锋利的毒箭穿透了老虎的咽喉。柯岩不等老虎前脚落地，便来了一个挡堂刀，把老虎前脚砍断，木叉咔嚓一声，也随着断成了两截，老虎摔落在地上，柯岩眼尖手快，迅速跳到老虎背上。老虎前脚断了，挣扎不起来，柯岩挥刀猛砍老虎前额，砍得脑浆崩裂。柯岩打死了老虎，爬过了老虎山，又走了十来天，来到了蟒蛇山。天黑下来了，柯岩怕在黑夜中不好对付蟒蛇，便坐在蟒蛇山对面山坡上休息，他观察蟒蛇山险势。蟒蛇山是个开裂的岩石山，山裂口冒着一束火焰，两边点着两盏绿茵茵的天灯，灰白色的岩坎路，从绝壁脚直通到山顶，有百斤之多。

山上山腰山脚，一株树木也没有，光秃秃的，岩壁像鱼鳞碎块，重叠而生，上面覆盖着焦黄的苔藓，真是少见的怪岩山哪！柯岩惊奇地看着，到半夜的时候，他忽然发现山裂口冒着的火焰熄灭了，绿茵茵的天灯也不见了，整个山好像摇动了一下，接着火焰又冒了，天灯又亮了，真是稀奇古怪！他猜想蟒蛇山会不会是蟒蛇精变成的呢？于是，柯岩从背上取下锋利的毒箭，对着绿茵茵的天灯射了两箭，天灯爆炸开裂，火星四溅漫天飞撒，接着轰隆一声巨响，对面的岩壁崩塌，一条眼睛流血的巨蟒轰然躺倒在柯岩站立的山脚下，柯岩顿时惊吓得全身冒出虚汗来。这天灯，果然是蟒蛇精变成的！那灰白的岩坎，就是巨蟒肚皮变的，那绿茵茵的天灯，就是蟒蛇的眼睛，那岩壁裂口冒的火焰就是蟒蛇伸出的舌头，一般人发觉不了，会误以为是开裂的岩山。

如若沿着岩坎上去，到岩壁裂口处就会被蟒蛇吞到肚里去。柯岩心想，好险哪，难怪那位老人说，"天灯挂两盏，只见人过去，不见人回转哪！"受伤的蟒蛇精身尾乱摆，嘴张着呼呼地喷瘴气，柯岩又连射几箭，没多久，箭毒迸发，蟒蛇翻滚了几下，躺着不动了。过了蟒蛇山，柯岩又奔走半月，来到碧浪滔滔的海边了。

这一眼望不到边儿，天连水、水连天的大海，到哪里去找金狮呢？柯岩心想，不管海有多宽，也要来个戽海寻狮，海水戽干了，金狮也就出来了吧！于是他扯海草做瓢戽水，边戽海水边喊："海龙王你听着，金狮跑到海里来了，不晓得在哪里玩儿，你怕我把海戽干，就请金狮出来回来吧！"戽了三天三夜，惊动了海龙王，海龙王问鲤鱼宰相、海螺大将，是什么人闹海？海螺大将奏道："柯岩戽海寻狮。"海龙王深受感动，便命海螺大将协助柯岩，寻找金狮。海螺大将领旨出了龙宫，给柯岩出主意，叫柯岩装扮成小罗汉，手拿龙宫珍珠绣球，站在海岸，要他听到海角响时，就亮宝逗引金狮。柯岩答应了，站在海岸等待海螺大将吹海螺。海螺大将得命便取出海螺放到嘴边吹起来，海螺嘟嘟一响，金狮一听到海螺声突然从睡梦中惊醒，跳出海面，看见柯岩假扮小罗汉摇耍着闪光的珍珠宝贝，就踩着浪尖上岸来了。为了把金狮接回家乡，海螺大将送了柯岩一个海角，让柯岩边吹边耍宝，金狮就会跟着走，柯岩就这样吹一阵海螺耍一阵宝，把金狮逗了回来。之后，八魔岭上的八个魔怪和孽龙，又被金狮关了起来。

当地人认为狮子有驱邪镇妖之功，是吉祥之兆。人们怕金狮又走掉，便仿照金狮的模样，扎起了金狮头，绣好狮子皮，学着狮子的动作，每逢喜庆节日，那些体强力壮的青年人，会穿在身上，学着狮子的样子翻腾跳跃，嘶鸣怒吼，串乡走寨，用以驱妖除怪，祝贺节日，从此这个地方家家幸福安康。吹海角、化装罗汉、耍绣球，就这样一代一代传下来，舞狮子就成了这个地方驱邪除害的风俗了。

狮子舞

169

土坯房子篱笆寨

衣、食、住、行，是人的文化及思想形态的反映，关东民间的这一居住民俗，也是这里的民众生活及环境的文化纪实。

东北民间有一句俗语："土坯房子篱笆寨，关东百姓人人爱。"

房子是关东文化的标志之一。

土坯是什么呢？

关东百姓把草和泥合在一起，按在固定的模子中，做成一块块一尺长短的土砖，叫坯。在阳光下晾干，然后用来垒屋。

吉林冬季严寒，夏天又温热。一年之内有将近五个月的寒冷天气。用土坯盖房，冬暖夏凉，经济实惠。

土坯分黑土坯、黄土坯、砂性土坯和木棒土坯四个种类。吉林民间把"脱大坯"算做"四大累"之一的繁重劳作。脱坯时，先将坯土堆积在平地上，把土中的疙瘩和杂物挑出，把羊角(草的民间俗称)层层放置于土中，浇上冷水，经过一天或半天时间的"闷"，使草和水都泡软浸透，再用一种名叫"二尺钩子"的工具搅合，这样水、草、土完全粘合在一起了。再用木制的坯模子为轮廓，把泥填进去抹平，然后将模子拿掉，一块土坯就做成了。

据《松漠纪闻》载："冷山去宁江州百七十里，地苦寒，多草木，至八月则倒置地中，封土数尺，覆其枝干。"在这儿，草很多。为防寒，这些草根扎入地下很深，盘结如丝，使土板结成整块儿，把这样的草连根带土切方块取出，用它来砌墙盖房非常好，而且很美观！

远远望去，用土坯砌成的房屋，墙缝整齐，给人一种坚实和温暖的感觉。由于土坯中有草，所以屋墙之中常有黄鼠狼和老鼠来做窝。它们在墙中间或墙根处掏了许多洞，在阳光暖和的日子里，它们常常伸出小脑袋东张西望，引得孩子们哈哈大笑。

孩子们经常从井里或河边提来水"灌"它们。把水从屋墙的洞上倒进去，可是灌下去总不见水满。这时，屋里的老奶奶气得喊上了：

"小祖宗，屋里都成河啦！"

孩子们总会很疑惑："是吗？"

"嗯哪！"

一尺长短的土砖。

曾经的城墙，如今的土堆。

土坯房子篱笆寨

171

家家户户用篱笆寨隔开空间。篱笆在关东十分普遍。

天一冷，家家户户就开始清洗酱缸，腌渍酸菜。

沿用至今的玉米楼子。

172

原来，狡猾的老鼠多打了几个洞，土坯房屋里的炕洞或大柜底下往往也有一个洞，外面一灌水，水就会从洞流到屋里，地上发了水，鞋子像小船一样在屋地上漂动着……

老奶奶笑声叫骂，孩子们跑开后也哈哈大笑，给东北地区的孩子带来了无穷的乐趣。

篱笆寨又指的是什么呢?

民间有个传说，说的是从前有一户人家夹樟子（筑篱笆）的趣事。老大是个结巴，他和老二哥俩干活儿。只听樟子这边的老大喊："勒……"，老二就用绳子用力地勒着。老大还喊"勒……"，老二还勒着绳子，但心想，我这勒得已够紧了，怎么还喊? 这时，只听老大上气不接下气地喊："勒……勒我手了"，老二一看，可不是，老大的手指头被绳子紧紧地勒在秫秸樟子上了。

篱笆在东北十分普遍，民间有"穷夹樟子富打墙"之说，其实夹樟子和打墙作用相同，只是材料不同而已。

平原地带盛产柳条、秫秸，篱笆墙往往用这一类枝条为材料。山里产木头，木樟子居多，有的人家干脆以圆木为模子，《钦定满州源流考》载："夫余有官室，仓库，牢狱，作城栅皆圆。"日本人小越平隆在《满州旅行记》中则提到："其城周以圆形木做为城栅。"人们在用樟子圈起来的院子里打上一口水井，有的人家还要在院子里建一座粮食楼子，摆放上酱缸，还可以种些青菜。院子给农家带来了生活的欢乐。

东北人家的屋子都比较窄小，院子却很大。因此院子就成为办重大事情的场所，这里所说的大事，指的是红白喜事。

办红事，来客多了，桌子往往摆到院子里去，前村后屯的人都来。各种仪式，如拜天地一般也在院子里举行。

办白事，更要在院子里搭席棚、设灵棚、请喇叭匠和鼓乐班，分坐在院子一边儿，棺木停在中间，供亲友们和小辈祭拜。

　　一般人家夹樟子、修篱笆往往是为了安全和取暖。过去人烟稀少，地方荒凉，常有狼狐出没，咬人吃家禽。篱笆寨可以防止野兽进入，也便于家狗看家望门。

　　另外，有的篱笆寨子修得离窗子很近，这样就起到了遮挡风雪的作用。北方风大雪猛，篱笆寨可以使大风雪减速，不直接扑打在窗子上，能保住屋子里的热气。

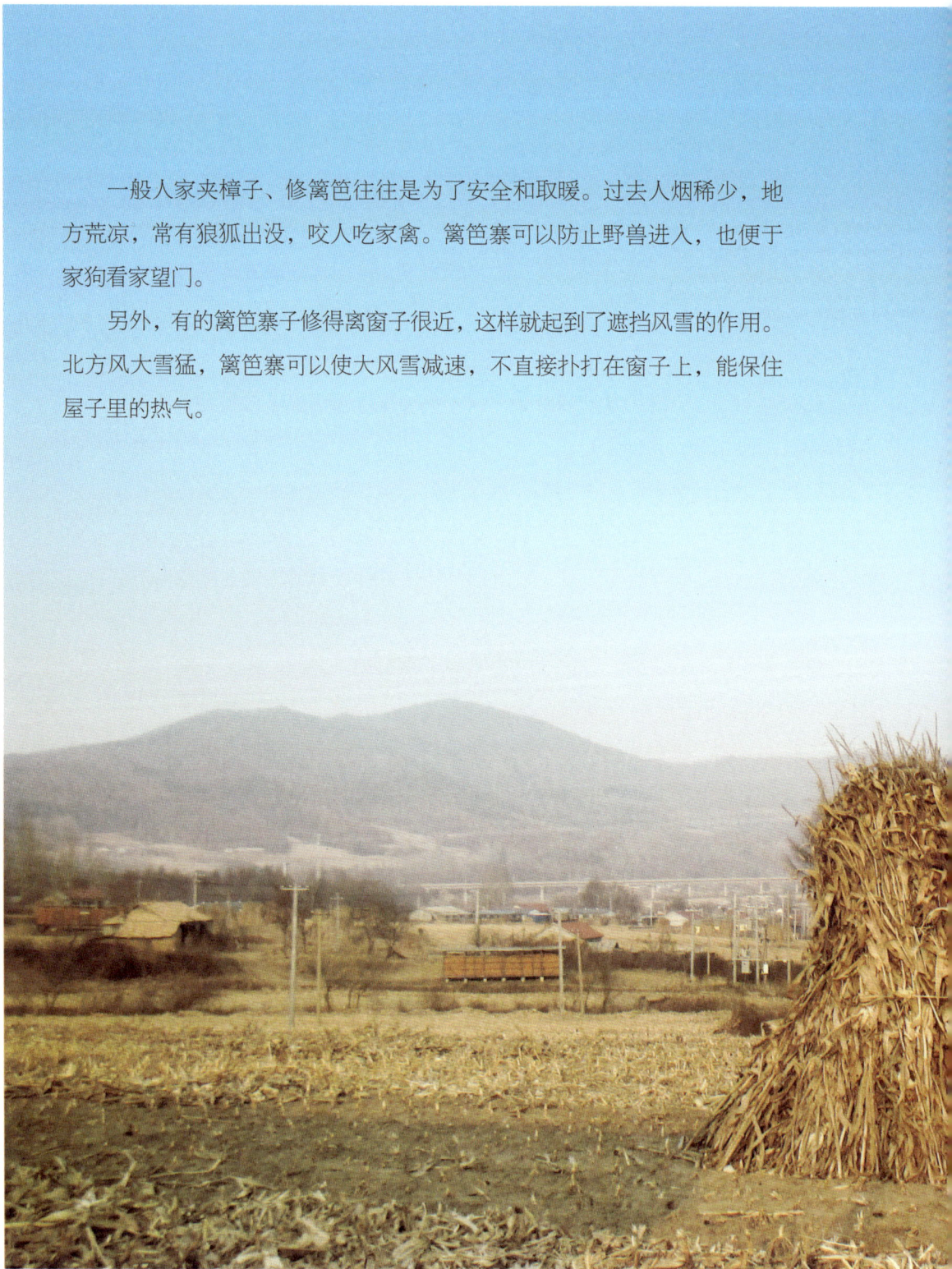

174

旷野上孤独的苞米秧子。

物是人非的土墙。

土坯房子篱笆寨

175

下晚儿睡觉头朝外

在火炕上玩儿嘎拉哈的孩子们。

关东民间有"下晚儿睡觉头朝外"的怪俗，其实这句话体现着生活在这里的人们对自然的一种朴素认识。人们在同大自然的搏斗中，深刻地认识到方向、方位的重要性。

在关东，房屋的修建为南北向。据《柳边纪略》载："宁古塔屋皆南向……开户多东南，土炕高尺五寸，周南、西、北三面，空其东，就南、北炕头做灶，上下男女合聚炕一面。"并说"夜卧南为尊，西次之，北为卑。""南向"指房门、窗朝南开，而房子本身是"坐北"，那么"北炕"睡的人头朝外，显然是"头朝南"。

头朝南面卧，有重要的道理。北炕和西炕是后来出现的一种居室，早期人们行帮居住的地抢子、地窨子多是依山靠坡而筑，没有山的地方，居室也是以江岸、堤坝为坐，背江向外。在关东，发源于长白山的松花江、图们江、鸭绿江均是南北走向，由这三江分流的大小近百条江汊也多是向西北、东北方向流去。所以，依江而建的房舍多是坐北朝南；或坐西北，朝东南；坐东北，朝西南。晚上睡觉头朝外的方位大致也是朝南。

在火炕上做活计的老人。

另外，头朝外又体现着一种对自然的信仰。人们认为南和东是太阳升起的地方，人的头朝这两个方位，是对山神、地神、土神、江神的崇拜。特别是在狩猎、捕鱼、放排、挖参的行当中，在野外或山里作业，晚上拿房子（住下）时，必须头朝外，就是头朝南、东或向山、向江，而不允许朝别的方向。

头朝外，也可充分发挥听觉，土炕地基能够传递远方风吹草动、江水流动声和动物的脚步声。鞋子规规矩矩地摆放在炕墙边，一有事儿翻身下炕，穿上鞋便走。

下 晚儿睡觉头朝外

177

　　这种头朝外而睡的习俗一般适用于外出劳作的山民。他们晚上住在一个地方,睡卧的方向,可以使他们保持一种方向上的清晰记忆。如走迷了路,晚上睡觉要头朝山或头朝沟,睡醒后还能记住方向。一般的情况下,山的走向,沟的走向,江水的流向,都能通到路口。这样睡,也表示自己能出山。

　　"下晚儿睡觉头朝外"是关东特殊的地形地貌、气候环境、江流走向所决定的,看似怪异其实充满学问。这又同东北火炕有关。火炕是北方冬天室内的主要取暖设备之一。晚上家家都把柴禾填满灶坑,让烟在炕洞子里循环,以便把炕"串"热,这样就使土炕本身有一股子"炕烟味儿"。下晚睡觉如头朝里,会被这种烟味儿熏得受不了。头朝外睡又就不会这样。

依旧生活在土房子的人家。

下晚儿睡觉头朝外

179

满族剪纸是中国国家级非物质遗产之一。

烟囱安在山墙边

打渔楼村的土房子。

烟囱，就是房屋走烟过火的设备，又叫烟筒或烟道。自有人类在屋室定居开始，烟囱这个名词也就随之诞生了。"囱"字加上"穴"字，就成了"窗"。窗子是屋子通向外部，向外瞭望的"口"，可见古人造字是很有道理的。"囱"是屋子里的另一种通口，是"烟"和"火"的通口。因为烟囱往往立于房上或高于房墙，于是有人又称之为"烟突"。

在关东，烟囱安在山墙边，是在这里生活的百姓的发明与创造。这是多民族共同居住的地区，蒙古族、满族、汉族和朝鲜族，他们的住房都是"烟囱安在山墙边"，这和关东的气候是分不开的。

老人与自家烟囱。

东北地区很冷，室内全靠火炕来取暖。据《北盟会编》载：关东民众"其俗依山谷而居，联木为棚屋，高数尺、无瓦，覆以木板或桦树皮或以草绸缪之，墙垣篱壁率皆以木，门皆东南向……"这里的人们，把土炕视为战胜严寒、度过隆冬的重要之物，因而便不能不考虑它的功能。

而火从灶燃起至变为烟飞出，以柴或草的燃烧力，能让 8 ~ 10 米内的平均温热度上升。一般土屋中的火炕，长约 6 ~ 10 米，有的小一些，做成"连二"火炕。满族的炕为"万字火炕"，其长度也在 10 米之内。可见，烟囱安在山墙边，是为了延长烟火的走向，让柴或草的热度均保留于炕内。

在没有使用煤之前，人们以杂木为燃料，素有"满山小杂树、烧柴不用愁"之说。而乌拉所在的平原地带则以烧羊草为主。这种草又粗又硬，干燥后很耐烧。无论是山里或平原地带，烟囱安在山墙边都是为了保持炕内温度的绝妙之法，又是节省燃料的精细打算。

东北著名的民俗剪纸学家王纯信指出：烟囱桥子处常常是农家安放鸡窝的地方。这样可以在严寒的冬季，使母鸡窝孵小鸡，也可以使母鸡多下蛋。

另外，烟囱安在山墙边，还可以减小烟囱安在房顶对房顶的压力。如果房上修了烟囱，烟囱底部往往最易漏水、渗水，春天雪化的水也往往易从烟囱底下流入房里，易烂房木。所以，烟囱在山墙边就减去了这些麻烦。

朝鲜族的住房，也是烟囱安在山墙外边，他们往往用木板做成长条形方筒烟囱，每边约 25 厘米，位置在房屋的左侧或右侧。直立于地面，烟脖（烟道）卧于地下。关东地方的各民族先民均在烟囱上动脑筋，有的人家干脆取一段枯死的大木，掏空其心做烟囱，至今这在关东山区仍然随处可见。这种烟囱制做简便，由于屋内火炕面积大，火洞长又多，烟火在炕内洞里循环时间长，当火烟走到烟囱口时，已无火焰存在，所以也很少发生火灾。

另外，关东民居将烟囱安在山墙外还可以减掉烟道所占的室内面积。烟囱整齐地坐在房山头，远远望去十分美观。这些独立式的烟囱，也称"坐地烟囱"，它们使房屋显得整齐，像一座座小塔，点缀在关东民屯之中。

因为烟囱往往立于房上或高于房墙，于是有人又称之为"烟突"。

182

每当黄昏，当远方的旅人在疲惫不堪、饥肠辘辘时，远远地望见村屯烟囱里飘荡的炊烟，多么亲切！仿佛是亲人在呼唤：归来吧！远方的游子……

关于关东的烟囱还有神秘的传说。

传说，烟囱的底部是这家祖先亡灵的栖息之处。当老人故去七天，家人如想见其足迹，便取小灰撒于烟囱底部，并用大碗盛上水放置在烟囱通道上。第二天早上，其灰上若有老人的足迹，水也被老人喝去了一些，这表示老人想念家人，回来看望过了。于是，全家人都很高兴。因而民间又把烟囱称为"望乡台"。

这个习俗虽然是人类对先祖的一种敬畏心理的表现，是人类早期对灵魂不灭的一种认识的印迹，但也恰恰说明了烟囱在人类生存中的地位。人们把它视为生活与生存的标记，是生活兴旺的象征。

土坯房子与土烟囱。

烟囱安在山墙边

183

184

各式各样的烟囱。

窗户纸糊在外

满族人家会在家里挂一条绳子，叫作"子孙绳"。

关东，是寒风的老家，大雪的故乡。

这里，从十月起，凉风渐渐吹落树上的叶子，吹黄地上的青草，严冬迈开匆匆的脚步，来到了关东。

漫天的大雪在北风的吹刮下，覆盖了这里的一切。气温下降到零下四十摄氏度以下，室外滴水成冰。老人们嘱咐孩子们："戴好帽子，腊七腊八冻掉下巴呀！"

生活在这片土地上的人们，有着许许多多抵抗严寒的故事。它是那么奇特，那么有趣。"窗户纸糊在外"就是其中的一个。

关东人的这一"怪"，实际上讲的是他们如何因地制宜地生活。

据《柳边纪略》载："'宁古塔'屋皆东南向，立破木为墙，覆以莎草，厚二尺许，草根当檐际若斩绚，大索牵其上，更压以木，蔽风雨，出瓦上。开户多东南，土炕高尺五寸，周南西北三面，空其东，就南北炕头做灶……"

可见，关东天寒地冻，室内全靠火炕取暖。由于屋内火炕（往往是南北大炕）都是靠窗子，这就和窗外有较大的温差，如果把窗户纸糊在里边，就容易缓霜，使窗户纸经常脱落。

可见，关东人习惯于将窗户纸糊在外，是为了使室内火炕发出的热气得以保持，并与寒冷的外面形成隔绝，使屋里保持暖和而窗纸又不至于损坏。

制作精美的全套窗棂。（关云德满族民俗博物馆供图）

另外，这种糊窗子用的纸与一般的纸不同，人们称之为麻纸，也有叫麻布纸的。《扈从东巡附录》载："乌喇无纸，八月即雪。先秋，捣敝衣中败苎，入水成毳，沥以芦帘为纸，坚如革，纫之以蔽户牖。"这里讲的是把麻浸泡后做纸。民间还有一条谜语就是讲的麻造纸：

身穿绿袍头戴花，

我跳黄河无人拉。

只要有人拉出我，

一身绿袍脱给他。

用麻造纸前，先要用水泡，当然是"我跳黄河无人拉"，泡好后拿出，"一身绿袍脱给他"，就是把麻皮扒下了，用麻皮泡筛、沉淀后，便晾干成了麻纸。

这种关东民间的麻纸，又粗又厚，上面再用胶油勒上细麻条，刷好桐油，好看的窗纸就做成了。这种纸不怕雨水和潮气。雨水打在这样的窗纸上，能顺畅地淌下去，潮气在上面一打，化成水珠，也无法浸入到里边，而是滴下去。如果把窗纸糊在里边，水就会顺窗纸流下，积存在下部的窗框子上，久而久之，窗的外框便会被浸烂。

在关东，风大雪硬。将窗纸糊在外，有窗框做窗纸的后支撑，狂风再大，也不易把窗纸吹裂吹坏。春天风起，狂风尘土也不易把窗纸打碎。这是关东人生存的经验积累。冬夜，当北风扬起沙雪，"哗哗"地击打在窗子上，像千军万马在奔腾追逐，像战鼓在"咚咚"地擂响，可是屋内却温暖宁静，窗纸抵挡住了寒风冷雪的袭击，关东父老暖暖和和地睡在火炕上……

窗户纸糊在外，除了保持室内的温度和抵挡风雪外，这种糊窗的方式还给人一种美感，反映了关东人勤劳和洁净的爱美性格。

在关东，一般人家的窗子都分上下两部分，靠下边的部分一般安上玻璃或亮纸，上边的部分是支窗。糊在外的窗纸是糊在支窗上的。支窗在冬日里关得紧紧的，到春夏天气转暖了，晌午前后，人们把支窗支起或吊起，以便通风换气。这样，窗户的下部透明，上部一排整齐的支窗，显得十分和谐美观。支窗的窗纸每年春秋各糊裱一次，刷油绷紧。大风一吹，窗纸像鼓一样咚咚作响，十分动听，而阳光又能通过下边的玻璃照射到火炕上，可谓一举两得。

窗户纸糊在外，

说怪也不怪。

这是关东人聪明和智慧的记载……

屋内温暖宁静，窗纸抵挡住了寒风冷雪的袭击。

窗户纸糊在外

189

养活孩子吊起来

满族人家用来装孩子的柳条筐。

每一地，都有每一地的风；每一处，都有每一处的俗。"养活孩子吊起来"，就是关东的独特民间风俗，也是关东的八大怪风俗之一。

其实，此俗说怪也不怪，这一习俗是指把孩子放在悠车子里，让孩子好好地睡觉。

悠车子，也叫邮车子、腰车子，还有的人叫炕车子、晃车子，其实就是摇篮。过去，关东人家一般都是砌南北炕，妇女们往往坐在炕沿儿上，

手里一边纳着鞋底儿，一边推着悠车子，嘴里还哼着风趣的《摇篮曲》：

> 悠哇悠哇，
>
> 快点儿睡觉别哭啦！
>
> 狼来啦，虎来啦！
>
> 黑瞎子背着鼓来啦！
>
> 老虎妈子跳墙啦！
>
> 舌头伸出老长啦！
>
> 正在窗外望你哪！
>
> 咬羊啦，咬猪啦！
>
> 宝宝你可别哭啦！

满族女人用来背孩子的褟裢。（关云德满族民俗博物馆供图）

边悠边唱，真是一幅关东的农家乐图画。

这种有趣的悠孩子工具，是聪明的关东妇女发明出来的。东北的妇女每天的劳动量很大，她们往往是手里干着活儿，嘴里哼着摇篮曲哄孩子。为了一举两得，琢磨着一种工具既能让孩子睡觉又能让自己干活儿，于是悠车子就应运而生了。这里还有一个有关悠车子的故事。那是很早以前的事儿了。

有一个妇女，丈夫常年在外，她带着孩子过日子。每天还要下地干活儿，没办法，就把孩子装在一只筐里背着一起下地。耕地边儿上有一棵树，到了地头，她把装孩子的筐挂在这棵树上，然后才开始干活儿。

一天，她正在干活儿，听到有动静，循声望去，只见树下有一只小鸟儿在打滚儿。她走近前一看，原来是一只小乌鸦从树上掉了下来，把腿摔断了。她是个好心人，就扯块破布把小乌鸦的伤腿包扎好，又送到树上的乌鸦窝里。

转眼到了夏天。这一日，她像往常一样到地里干活儿，把孩子睡

养活孩子吊起来

191

老人珍藏的悠车子。

觉的筐挂在树上就忙开了。突然，草丛里跳出一只大兔子，她想，要能抓住它，给婆婆做一顿兔肉吃，那该多好哇！想到这儿，她扔下手里的工具开始追兔子。

兔子走走停停，她也追追停停，不知不觉追出二里地。没抓住兔子，这才想起孩子，她急急忙忙往回跑。

离很远她就听到孩子哇哇的哭声。她一看，啊呀！可不好了！只见一条花脖大蛇盘在树上，伸着长长的脖子，吐着红红的信子，直往筐里扑。只见装孩子的筐沿儿上，站着一只大鸟儿，蛇一扑，那鸟儿就用尖嘴啄蛇，护着孩子。

她急坏了，不容多想，拿起一把锄头就扑了上去，把蛇打跑了。她哭着背着孩子回了家，把这事儿对婆婆说了。可婆婆也老了，抱不动孩子了，她决心不再带孩子到地里去了，于是就想出了个主意：把装孩子的筐挂在屋里的房梁上，让婆婆坐在家里悠着。这样既安全还省力，孩子也舒服。

一来二去，人们见这个法子好，就都这么学，于是关东地区就有了"悠筐"。后来，妇女们又发现，孩子放在筐里只能坐不能躺，于是就又做了一个长长的筐，使孩子能在里面睡觉。

有了悠车子，妇女们真是方便多了。有的妇女悠一下悠车子，就可以跑到别的屋子去烧火贴大饼子，或是到院子里给猪鸡添食。悠车子悠一下，到车子自己停下来，大约需要十几个来回。麻利的女人还可以得空去挑一趟水。当然，传说是传说，但悠车子的产生也和少数民族有关。

据《东蒙风俗志》载：这些狩猎的民族，如蒙古族、满族、赫哲族、

锡伯族、鄂伦春族、达斡尔族的妇女，都会在外出狩猎时，把兽皮吊在树杈上做成篮让孩子睡觉。1240 年成书的《蒙古秘史卷》载："帖木真九岁，拙赤合撒儿七岁，合赤温额勒赤五岁，帖木格斡惕赤斤三岁，帖木伦女方在摇车中也。"这里所说的摇车已是比摇篮先进的育儿工具。

这是因为蒙古等游牧民族走出森林，来到草原，他们便把吊起来的摇篮改为左右摇晃的晃车（即摇车），挂在勒勒车上，开启了草原上游牧育儿的时代。

北方的汉族先民，看到这个很好的育儿方式，也就延用了下来，还有定居下来的其他少数民族，也普通采用了这样的育儿方式。

做悠车子，要由家里的能人动手。材料是用薄木片，薄木片先用蒸锅的水汽熏软或用开水煮软，折成一个案子面大小的长方形，接头处用皮绳或铆钉对死，拼扎牢靠，再上好底，悠车子就成形了。

这时，外面还要涂上色彩。有的是红底画黄花，有的是黄底画红花，还有的是黄底画杂花。不管画什么花儿，在上下边缘要画上云卷，表示孩子长大了能升官，能飞黄腾达。还有的画的是民间故事中的人物，如"四郎探母""王小打鱼"等，也有画松竹凤鹤的，图个吉庆。绳的上方往往挂个玩物，如彩色的鸡鹅毛、纸糊的小葫芦、小风轮等，这些是孩子临睡前逗孩子玩儿的玩具。

悠车子因它高高地悬挂在屋里的大梁之上，狗猫鼠之类不易上去抓挠孩子。悠车子一晃动，苍蝇、蚊虫就会飞开，婴儿睡着了，也少受它们的叮咬。另外，当悠车子一动，还能生出一股小凉风，可以消除孩子身上的热汗，使孩子睡得舒坦。由于悠车的四周大约有半尺到一尺高，晃动时虽然有风，但不会直接吹到孩子脸上身上，不会使孩子着凉感冒。

另外，由于悠车子前后一动（吊在梁上，就是人不推动，它也会自然地微微摆动），睡在里面的孩子不至于总躺在一个位置上，不会"睡偏了头"，关东地区的人常说："睡悠车的孩子，长大了漂亮，好看！容易找人家。"

做悠车子，选什么木料很讲究。最好选用结籽多的树木做料，如榆木、松木，寓意着多生儿育女。也有专门选用柳木的，这因为"柳"和"留"音相近，取其"留"意，希望这个孩子能平安地留在世上，不至于被灾祸夺走。

还有人专门用雷击木来做悠车子。据说，遭雷击过的东西，恶魔已不存在，这样的东西就有了避邪的作用。用它来做悠车子，便可使孩子平安健康。

悠车子的使用，也有这样一些说法。

一般的人家不愿意自己做悠车子，往往是向一些日子过得"红火"的人家去借。据说这样，孩子也能像这家人一样，光宗耀祖，过得红火。

借悠车子时，一定要选三世同堂、四世同堂的人家去借，孩子没病没灾的，或者是谁家小孩子睡了这个悠车子中了状元，当了秀才举人，这样的悠车子，便十分的金贵。

子女多，长得俊俏、好看的人家的悠车子也常常被别家借去。这样人家的悠车子，往往也成了这家主人的骄傲。和谁家关系"靠"（特

别的好），那家一生了孩子，这家主人就会主动找上门去，说："把我家的'那个'拿去吧！"

"真心哪？"

"咱俩谁跟谁！"

"啊呀，叫我咋谢你呢！好吧，等我们'宝儿'懂事了，过年去给你们祖上磕头…"

于是，借到悠车子的人家十分感谢，并且记对方一辈子的好处。甚至这个孩子长大了，当老人的也会常常叮咛孩子："别忘了他们的恩情。你小的时候，人家借给咱们'车子'！"

上述情况是人们乞求平安、吉祥的一种愿望，是人对下一代可能生病和死亡的担忧心理。悠车子体现的是关东民间一种关怀观念，同时也是北方民族朴实善良、憨厚大度的品格和心绪的再现。

多么神奇的小悠车！

在神秘的关东！

在人们的童年！

摇动着！

摇动着！

……

养活孩子吊起来

195

小伙跳墙狗不咬

狗是人类忠诚的朋友。

狗是人的亲密伙伴。

在关东，狗的传说有很多。

相传有一户农家，两口子无儿无女，养着一只猫和一条狗，他们对猫和狗就像对待自己的亲生儿女一般。猫称狗为兄，狗称猫为弟。

这家男主人每天要过河去打猎。一天，男主人在过河时不小心把打火石掉在河里了。老两口儿很伤心，日子穷，没有火石过日子多不方便呀！

狗和猫发现主人很忧愁，决心帮助主人找回这块火石。

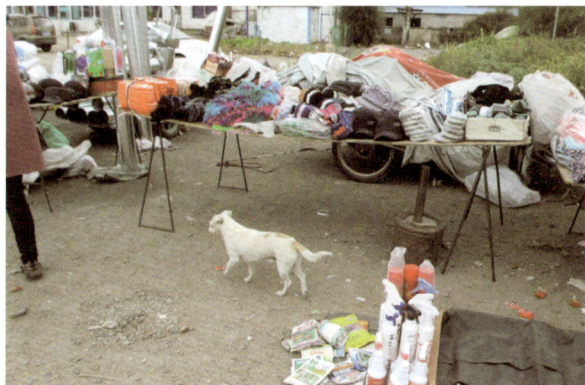

狗也是满族人们的好伙伴。

　　狗和猫来到了河边，只见河水暴涨，天连水、水连天，三四尺高的浪打在岩石上。猫看着滚滚的河水便泄了气。

　　猫说："狗哥哥，我害怕，咱们还是回去吧！"

　　狗说："猫弟弟，别害怕，我驮你过河！"

　　说完，狗让猫骑在自己背上，狗跳入水中，游了过去。到了河对岸。猫躺在岸边的草丛里睡大觉，狗四处寻找，终于在一堆蒿草里找到了主人的火石。原来，火石没掉在水里，而是丢在这儿了。狗喊醒了猫，它们来到河边。狗说："过河时你叼着火石，别忘了，一定要叼住！"

　　"你放心吧！"

　　就这样，猫叼着火石坐在狗的背上，狗驮着它来到河中间。这时，一个大浪打来，猫哭了，说："多苦的差事！"这一下，火石真的掉进水里去了。

　　狗数落了猫几句，可是再说也没用了。狗只好先把猫送到岸上，又一头扎进深深的河水中捞哇捞，找哇找。还巧，狗终于把那块火石捞了上来。

　　狗叼着火石上了岸，实在太累了，就一头栽在岸上睡过去了。猫一看火石，心里有了主意。猫偷偷从狗嘴里拿下火石，叼着跑回了主人家。

　　猫一进门便喊："主人！主人！"

　　老两口儿一看，是猫回来了。

猫又喊："找到了！找到了！"

老两口儿接过火石，十分高兴。问："狗呢？"

"睡呢！睡呢！"

老两口儿听了非常生气，他们拿出鱼呀肉呀让猫吃，还让猫上炕睡觉。

猫正高高兴兴吃东西时，狗喘着粗气回来了，主人问："咋才回来？"狗诚实，就说："在岸边睡了一觉！"老两口儿一听，猫说的一点儿不错，不由分说把狗打了一顿，并把它赶到院子里去了。狗很生猫的气，把事情从头到尾说了一遍，老两口儿才发现错怪了狗，又补偿夸赞了狗。这之后狗一见到猫就要咬。猫呢？自知理亏，一看见狗就赶快逃跑。

这个故事反映了关东人对狗的认可，对狗忠诚老实性格的歌颂，对狗朴实无华行为的赞美。狗是满族的图腾，传说狗救过努尔哈赤的命。满族人把狗看成吉祥的动物。生活在关东的汉族也离不开狗。狗除了看家望门外，还能拉爬犁，这在关东的一些典籍之中均有记载。另外，狩猎行帮更视狗为命根子。猎人不吃狗肉，心爱的狗死了还要修狗坟，反映了人和狗的依赖关系。

狗懂得主人的意图。这是狗长期和人相处的结果，是一种伴生关系，民间常说"狗懂人性"，实际就是说狗熟悉人的一些习惯、动作或手势。

猎人做过实验，一条优良的猎狗，对陌生人给的东西，不吃不动。人们又发现，当狗要被主人杀死时（在关东，朝鲜族有食狗肉的习俗），不论多凶的狗，一旦被绑在柱子上，它便知道末日来临了，眼泪成串地滴落下来。还有的小狗，看见自己的妈妈要被杀掉，竟然将刀子坐在屁股底下藏起来，或把刀子叼走，不让主人找到。

关东人性格豪爽，说话大嗓门儿，东家西家往往是房连房、墙连墙。有时办事着急就翻墙过来，本来两家的墙就不高，或者墙经多年风剥雨蚀已有了豁口，性急的年轻人往往从墙头上跳过去到邻居家串门。一来二去，狗也熟悉了这种动作，知道从墙上跳过来的人都是和主人家熟的人，自然也不去叫、不去咬了，但这只能是白天，如果谁胆敢在夜里翻跳人家的墙，狗定会咬个不停。这种分析不是牵强附会，而是符合规律的一种总结。这一民间生活习俗，也是关东人粗犷性格

冰雪中的木屋——木刻楞。

小伙跳墙狗不咬

200

狗拉着雪橇。

的真实写照。

还有更有趣的解释。

"小伙儿跳墙狗不咬"。原来，有些小伙儿跳墙是去和情人约会，姑娘在看着狗，所以狗不咬。这类故事在东北的民间歌谣《闹五更》《会情郎》《十二月叹》《五哥上工》等中屡见不鲜。两个年轻人今晚要约会时，男方会问女方："今晚我上你家去还是到外边去？"

女的说："离开家，爹娘会发现！"

男的说："那我上你家去！"

"啥时辰？"

"月牙儿上树梢。"

"可你要看好了狗！"

"嗯哪。"

于是，小伙儿跳墙当然狗不会咬了。这是因为情妹子搂着狗脖子，欢迎自己的情人到来。天长日久，长此以往，小伙子们来来去去就喜欢从墙头上蹦来蹦去。关东著名的一出戏《黑妃娘娘》《一夜皇妃》，就是根据民间传说改编的。在这出戏里，不只小伙儿爱上墙头，就连姑娘也爱上墙头。黑姑娘就因为坐在墙头上看热闹，被朝廷选上了，去当了皇妃。

关东农家的墙头，往往成了年轻人充满乐趣的去处。所以这一怪俗是怪而不怪，它确确实实是关东人神秘而有趣生活的一种总结。

小伙跳墙狗不咬

201

姑娘丢了没人找

身着传统服饰的少数民族小女孩儿。

在关东的民间俗语中，有一句叫作"姑娘丢了没人找"。

姑娘是爹娘的心头肉，怎么会丢了没人去找呢？让我们来看一看这个说法的来龙去脉。这句俗语的由来，大致有这样两个原因：一是指姑娘大了，到了该嫁人家的年龄啦，留在家也是留，所以"丢"了也不用找。这里有一个故事。

象征着子孙后代的"子孙绳"。

正在扭秧歌的女人们。

传说有一户农家，老两口儿只有个闺女。老爹一年到头总想着庄稼，老娘一年到头只想着炕上炕下、锅台灶沿儿，结果日子久了姑娘长到了18岁，该找婆家了，可被老两口儿给忘了。

这一年的年三十晚上，老两口儿在桌上摆上祭祖宗的供品和香烛，然后跪下磕头。一抬头，看见闺女坐在祭祖宗的供桌上。

爹说："哎呀，你这是干啥？"

娘说："哎呀，你这是反啦！"

闺女说："你们都不想着我，我就一辈子留在家，你们供着我得了！"

老两口儿气坏了，以为闺女疯了，好歹才把她从供桌子上劝下来。后

冰车，是东北孩子共同的
童年回忆。

来，老两口儿把这事儿对隔壁的邻居说了，又加了一句："她准是
疯了。"邻居说："你们哪，真糊涂。闺女大了，你们咋还把她留家
里。"一句话提醒了老两口儿。老两口儿赶快给闺女找了个人家，闺
女的疯病一下子就好了，嫁了出去。

从此，关东民间就有这样的说法：姑娘大了，留在家是也是留。
姑娘哪儿去都别问，丢了也别找。这成为东北民间人们的一种共识。
东北人说话往往很风趣和幽默，把姑娘急于找相好、找婆家说成是
"丢"，而且还风趣地说"姑娘丢了没人找"。一句普通的话道出了
深刻的生活道理，这是关东人们智慧的表露。用这种风趣的语气说出
一个道理，容易流传被重视，这真是一种聪明的办法。

这个俗语由来的第二个原因，和关东的村落居室布局有关。关东
村落，无论是山中老林还是平原，往往是三五户住在一处，这三五户
人家前后左右往往不出几十米远，在深山老林中更是如此。冬晚夏夜，

满族人家炕上的镜子联。（关云德满族民俗博物馆供图）

孩子们无处可去，就去串门。周围只有这几家，他们出门上谁家不会
走错，也不会出事儿。"姑娘丢了不用找"中所说的"丢"是指姑娘
出去走走、串门去了，当然也不排除去和相好的情哥哥约会了。

　　民间文化的重要意义在于其使用多样的传承方式把重大的民俗、
天文、地理方面的形态和特征保留和记载下来。分析这些俗语和文化，
对研究和探讨一个地域的历史和文化是具有重要意义和价值的。

媳妇穿错公公鞋

冬季的关东地区。

在关东民间的怪俗里，有一条叫"媳妇穿错公公鞋"。这是怎么回事儿呢？原来，这个风俗的来源和起因同东北民间的居室有关。

关东地方寒冷无比，民间百姓除在盖房时就注意防寒保暖外，还要考虑在房子里设置取暖设备。这些设备除了火墙、火炉、火盆之外，最重要的要数火炕了。火炕是东北人家普遍采用的一种取暖设备，寒冷的冬季里家家离不了。

在关东民间，往往是一间房子一铺大炕，炕又往往修在南窗下，叫南炕。农家的家具摆设少，南炕就成了一家人取暖和活动的地方。冬日里忙

完了屋里屋外的活儿，一家人往往是家里的女性围坐在一起，烤火盆、讲"瞎话"（民间传说故事）、纳鞋底儿。

如果来了客要去开门、鸡飞到酱缸上、家雀钻进咸菜坛子、老母猪拱了菜园子……都要去个人看一看，这个差事由谁干？往往是家里的儿媳妇。

住火炕的人家。

儿媳妇是外来人，大姑子、小姑子都是娘身上掉下来的肉，这些散乱活计必然是儿媳妇出头。这类事儿往往是件急事儿，然后还得着急着回到炕上来暖和，所以儿媳妇往往"忙不择鞋"，炕沿儿底下摆着一双一双的鞋，脚碰上哪双就穿哪双。

在关东民间，凡上了岁数的公公，常年待在家里，坐在炕头上抽烟。他穿的鞋，多是家里人穿剩下的旧鞋子，鞋后跟已踩平，鞋口又松又大，就像拖鞋一样。而且，老汉们又多是俭朴的人，家里的旧鞋子，他们会拿来剪去后面的鞋帮，做成拖鞋一般，以便穿出穿进方便。这样的鞋，不要说穿，就是看起来也顺脚。再加上公公的鞋常年扔在炕沿儿底下，不光儿媳妇，别的也是人谁赶上谁"跐拉"（顺便穿穿的意思），因为方便、合脚。于是就会直接穿公公的鞋下地去办事儿。

另外，民间火炕的炕头儿靠门，而炕头往往是公公睡觉的地方。炕头儿，在东北民间是老人和尊贵的客人坐的地方。

大炕的炕头儿上往往有一个土台，叫炕台子，这个台子一是能挡住灶坑的烟和锅里的水汽；二是可以做为灯台，放一盏小灯，锅台灶上和炕上都能借亮，这个地方就成了人家的"甲座"（优待座）。来人在这儿一坐，又热乎又能抽烟对火，离油灯近，人也显得气派。平常不来人时，老公公这一家之主，就在炕头儿这个地方待。

公公睡在炕头儿，也是东北人尊老习俗的表现，而儿子媳妇等晚辈只能睡在炕梢儿。夜间有什么事儿，或出去插门解手，儿子媳妇往门口走（也就是炕头儿方向），往往是顺脚跐拉起一双鞋就走。

这就是"媳妇穿错公公鞋"的来历。

土房子。

当然，随着后来房子的扩大，公公婆婆和儿子儿媳分居，或老人睡南炕，小辈睡北炕，就很少出现媳妇穿错公公鞋的事儿了。其实，公公的鞋往往也是婆婆的鞋，因老两口儿不分彼此，有时媳妇穿来穿去的也是婆婆的鞋。但民间文化往往带有一种幽默和风趣，"媳妇穿错公公鞋"这句俗语就流传下了来。

满族人穿的花盆底鞋。（关云德满族民俗博物馆供图）

媳妇穿错公公鞋

209

姑娘叼个大烟袋

精致的烟斗。抽烟要用烟具，关东的烟具具有自己的独特形态。

外人到了关东地区，看到大姑娘嘴上叼个大烟袋时，都会感到很惊奇。在关东，大姑娘一般指没婚配的女孩儿。大姑娘为什么会叼上了大烟袋呢？

还是让我们看一看关东人的生活吧。

每到春夏时节，关东的黑土地上一片翠绿，那就是家家种的关东烟的烟苗。每到深秋，关东农家小院里一片金黄，那是家家在晒烟叶。这时，风中飘荡着阵阵烟草的奇香。到了严冬，温暖的炕头儿上，老人们笑咪咪地坐在一起，抽着关东烟。

身穿绿袍头戴花，

到老被人捆又扎。

勒的小脸黄又紫，

专和炭火结亲家。

在关东民间，这是大人小孩都熟悉的一条谜语（东北民间叫猜闷儿），而谜底就是烟。

据民间传说，烟草别名叫"相思草"。传说在松花江上游的漂河北岸，住着两户人家，一家姓董，一家姓黄。董老汉有个儿子叫董强，黄老汉有个女儿叫黄燕。两家处得和和睦睦，两个孩子也很要好。

火炕上盘腿而坐的老人，正在点烟。

转眼几年过去，两个孩子都长大了，黄燕长得十分俊俏，心里只有董强哥哥。一天，黄燕上山去采药，一去就不见回来，这可急坏了黄老爹和董强。董强告别两位老人，上山去找黄燕。

董强走哇走，找哇找，后来碰上个打猎人的告诉他，黄燕被一伙强盗抢去，逼她做小，她不从，跳了漂河。

董强急忙赶到漂河岸，可哪里有黄燕的影子呢？董强只在岸边捡到一只黄燕的鞋。董强含泪修了一座坟，把鞋埋在里边，坐在坟边想着过去的那些时光。

渐渐地董强睡着了。朦胧中，董强见黄燕来了，说："如果思念我，就到山里的四方台去。那里有一种小草，挖回来栽上，我就能回来。"董强醒了，原来是一场梦。

姑娘叼个大烟袋

211

烟口袋，又叫烟荷包。巧手姑娘像江南姑娘给情人绣荷包一样，装点和打扮着烟口袋。

烟口袋一般是用狗皮、鹿皮、兔子皮、猫皮、老耗子皮、驴皮、狼皮、松鼠皮等制作。

流苏款式的烟叶袋。巧手的姑娘常常把烟口袋做得十分精美，送给自己的心上人。

董强历尽千辛万苦，终于挖回了黄燕说的那种草。董强栽上草后，每天给小草浇三瓢漂河水，七天施一次肥。

到了白露时节，董强割下这种草的叶子，用草绳拴扎着晾好，搓成碎末装在粗苇子管里。用火点着，轻轻抽一口，可等烟散尽了，董强什么也没看见。

董强又抽第二口。这次抽猛了点儿，烟呛到肚子里了，顿觉得浑身一阵舒服，十分解乏。

董强又抽第三口。渐渐地黄燕出现了，董强忙用手一摸，黄燕不见了。从此，董强只要一想黄燕，就抽这种草末。

董强把这事儿告诉了乡亲们。大家觉得新奇，就开始种这种草，并起名叫相思草，也叫"黄叶"或"黄烟"。因这种小草长在漂河边，人们还叫它"漂河烟"。

一年冬天，乾隆皇帝来关东巡视。他到集市上私访，见老百姓们在买相思草，就向当地人打听："那是什么？"相思草"。

"怎么叫这个名呢？"当地人一五一十地把故事讲了一遍，又加了一句："可好抽了！"

"是吗？"

"嗯哪。"

乾隆非常好奇，就买了一点儿，一卷一抽，果然味道奇香，抽完了，感到解乏又解困，乾隆随后加封此物为"关东烟"，并列为朝廷贡品。从此，关东大地都种上了这种烟草，关东烟的名字传遍了各地。

传说终归是传说，烟在关东人的生活中确实有着重要的作用，是关东人的亲密伙伴。

首先，烟有防蛇、防蚊虫的作用。早期的长白山区，人们在劳作歇息时抽烟，吐出的烟雾能使毒蛇惧怕，不敢靠近人。同时，烟袋油子——一种积存在烟杆和烟锅里的膏，也能放出强烈的气味，使毒蛇闻而生畏。这就大大帮了山里人的忙，无形中要求入山的人必须会抽烟。在入草前（进入老林子里作业），人们还要在腿布带子上抹点儿烟袋油子，以防蛇咬。

同时，烟油子还是一种民间常用的止血药。在老林子里作业，受了外伤，人们就顺手捏一点儿烟灰抹上，既杀菌又止血。

挖参的人，更离不开烟。每当发现了人参，把头就喊"打火堆""点蚊烟"。这时，小打要给把头点上一支烟，让把头叼着，边挖边抽。小打在一旁给把头扇扇子。风把烟一刮，烟味飘散在把头的周围，蚊子不敢来叮咬，把头就会专心地去"拾参"（挖人参）了。大山里的花脚蚊子很多又很厉害，用手驱赶都驱赶不过来，只有用烟来驱赶。

关东的孩子从小就和烟"打交道"，有的人家没有老人，两口子下地干活儿或上山干"山利落"（打山货），没人看孩子怎么办？于是关东的百姓就让烟来看孩子。

新下来的烟，很有劲儿。大人抽一口，对准孩子的小脸猛地吹一下，孩子渐渐地就熏醉了，很快便入睡了。这时大人要赶紧上山下地干活儿。等烟劲儿一过，孩子醒来时，大人也从地里或山里回来了。

抽烟，还可以保存火种。在老林子里挖参、狩猎，常常需要长时间待在山上，火种就显得十分宝贵。当年，在没有火柴时，人们往往是把火绳点燃后放在窝棚里，避免风吹雨淋。有人抽烟便经常会留心火种的情况，抽烟使火种不灭不断。

在东北，冬天的雪很大，天气很冷。行帮之人常常待在大车店、把头

人们正在晾晒烟叶子。

种植烟叶的田地。

屋、工棚大房子、地窖子、花子房、跑腿子窝棚等地方"猫冬"。冬夜寒冷又漫长，人们干什么呢？抽烟！

抽烟是一种营生。大伙边抽边唠，消磨那漫漫的长夜、寂寞的光阴。这样，烟和关东人结下了深厚的友情。

行帮外出，狩猎钻山，赶大车的在外，抽烟又可以解除一点儿寒冷，顺便烤烤手、暖暖嘴。

烟在关东，已遍布家家户户。

关东早年的特产，主要是大豆、木材、烟叶和麻。据《吉林地志》载：在关东，烟是仅次于木材、大豆的重要物产，在俗称"南山沟"的桦甸、敦化、蛟河、敦化北、额穆等地，出产的烟最多。关东烟叶有独特的香味，很受内地老百姓的喜爱。明清时关东烟叶就运销内地，年运量有百万斤左右。

在关东，因为有了烟，因而也就产生了丰富有趣的烟文化。

奇妙的烟具

抽烟要用烟具，关东的烟具具有自己的独特形态。烟袋杆与别处的不同，比较长。东北最长的烟袋杆有"一掏"（五尺）长。这种长烟杆，实际上起到了过滤烟毒的作用，可使烟油子附着在长长的烟杆中，在短期内

不至于给人造成危害。长烟杆还可使上了岁数的老婆婆坐在炕头够到炕梢儿的物品。

烟杆的作用，本来是防止烟锅燎了嘴、烫了手，后来发展成这样长的用具，可见这种用具是按照生活需求而逐渐出现的，真是又实用又有趣。东北民间的大秧歌里，总有一个老婆婆舞动着大烟袋在跳舞。那个大烟袋简直可以当武器，给人的印象是火爆有趣的。一般说来，关东的烟杆分三寸长、五寸长、半尺长、一尺长、二尺长的不等，这主要是根据抽烟人的行业和习惯来决定。

炕头上的烟笸箩

烟笸箩——装烟叶的用具。

在关东的百姓家，家家炕上都放着一个烟笸箩。笸箩本来是农家用柳条编的，盛米面粮豆的一种用具，要比烟笸箩大得多。烟笸箩只有碗口大小，放在炕上和火盆摆在一块，来了客人都用得着，就像现代家庭中用的烟灰缸或烟盒一样，是必备的家庭用具。

烟笸箩的取材是各式各样的，有纸糊的、柳条编的、泥旋的、石抠的、木刻的，大小不一，千奇百怪，也是关东民间的一种生活工艺品。

巧手的主人还要在烟笸箩上涂上色，刷上漆，抹上油。还有的在上面画上自己喜欢的画儿，有"王小捕鱼""四郎探母""吉祥有余""长命百岁"等各种图案。

抽烟人的姿态

烟使抽烟人的姿态成为一种交际文化，并形成一种规范。

对尊贵的客人，要让其拿着烟，坐在炕头儿上抽。炕头儿的置位，属于老人、师傅、长辈、把头、掌柜的等尊贵的人。晚辈抽烟只能坐在地上或炕梢的位置。

如果到谁家去串门，进门后先问好，然后要主动把放在炕上的烟笸箩拉过来，给主人的烟锅里紧紧地按上一锅烟（也有随身带着烟的），然后用自己的帽子或小手巾擦擦烟嘴，再把烟嘴这面转过去，说声"请——"，如果主人接了，你才能划火给主人点上。对方笑了，点点头，你才能坐下。

如客人来到家里，给客人卷纸烟时要注意，把烟卷弄好，千万不能用嘴舔折口，而要捏着烟卷递给客人，说："来，抽着！"

如果对方说："我有。"这时，你不能把烟强给客人，而要把这支客人不要的烟点着，亲自抽掉。吐烟雾时，不能直对着客人的脸吹。

这些规矩，体现在点烟的程序和抽烟的姿态上。与其说是烟文化，不如说是中华民族尊老爱老的美德在烟文化中的体现。据说，老丈人相女婿时，如果毛脚女婿不懂这一套规矩，老丈人就会一气之下拒绝这门亲事。

定情信物——烟口袋

烟口袋一般是用狗皮、鹿皮、兔子皮、猫皮、老耗子皮、驴皮、狼皮、松鼠皮等制作。巧手的姑娘常常把烟口袋做得十分精美，送给自己的心上人。

烟口袋用什么皮料，这要看情人是干哪一行的。

烟口袋，又叫烟荷包。巧手姑娘像江南姑娘给情人绣荷包一样，装点和打扮着烟口袋。有的人在上面绣上鸳鸯、凤凰、荷花、兰草。有的人写上福寿、画上财宝等。更有手艺精巧的姑娘还要给烟口袋绣上花包、抽上穗、镶上边、拿上褶。烟口袋有做成圆形的，象征团圆；有做成心形的，象征心心相印；有做成灯笼形的，表示奔向光明的前程；有做成莲花形的，表示双方恩恩爱爱，永结并蒂莲。

小伙子们把姑娘送的烟袋常年带在身边，进山干活儿时，用它来增添战胜艰险的力量。小伙子平常谈论的话题也多是烟口袋。在民间有许多关于烟口袋的故事和传说，歌颂的是男女爱情的坚贞和忠诚。

在关东，男人们抽烟，女人呢？关东的妇女是勤劳的，她们要参加繁重的体力劳动。男人们抽烟，女人们也抽烟，这是关东的地方风情。人在其中，也就随其俗了。关东的姑娘，十七八岁的叼个大烟袋，说明她们从小就参加

生产劳动，是勤劳的姑娘。

另外，她们还要给老人点烟袋，点好后，要先抽一口，试试烟杆通不通气，这也是"姑娘叼个大烟袋"的由来。其实这是姑娘对老人的尊敬和孝顺。

在关外，一般人认为抽烟的女人太粗鲁，没有女人味儿。还有人认为，女人抽烟不符合规矩、不好交。抽烟的女人老了后就会成为刁婆婆。其实，关东姑娘不但具有中原地区女人的多情善良，而且具备火热和粗犷的性格。关东姑娘对自己的意中人敢爱、敢恋，就像关东烟一样辛辣、火热。热情火爆正是能抽烟的关东姑娘性格的最大特色。

老人正坐在炕边尝关东烟。

217

敲打树木是说话

索拨棍(抚松县孙卫东人参博物馆供图)

长白山原始林莽不但是自然植物的丰富王国,也是民间文化的富饶宝库,其中许多文化形态是属于还没有被学者所认识到的重要的文化类别,也属于一种不常见的地域文化类别。和常规文化相比,我们便称其为"特殊文化或秘密文化"。人们将会逐步地发现,这些神秘文化的挖掘和总结对研究生活于原始林莽地带的人们具有重要价值。

下面要讲的是挖参人的"叫棍",就是一种神秘的"声"文化类别。

所谓"叫棍",是指采参人(原始采参)手里拿一根木棒、不断地敲击身边的树杆,使之发出音响。这种声音,不了解挖参人生活的人听起来是十分单调乏味的,而对于那些挖参人和山里的各种行业人来说,却是一

种有丰富含义的特殊语言。边棍声、腰棍声和"麻达山棍"声，是挖参人用某种声音去表达信息的语言。如"麻达山棍"声：

梆梆，梆梆！

梆梆，梆梆！

节奏慢，接二连三地敲。这是典型的"麻达山棍"。当麻达山棍传出后，如果把头听见了，立刻就喊他。这种喊，当然也是叫棍，用棍敲击树杆发出声音称之为"接棍"。把头接麻达山人的棍是大三点的节奏：

梆！梆！梆！

梆！梆！梆！

意思是：我们在这儿！我们在这儿！

如果采参人听到了，要立刻回棍。回棍的语言是这样的：

梆梆！梆梆！

梆梆！梆梆！

意思是：听到了！听到了！要连敲，直到把头再回棍为止。把头方向的回棍是这样：

梆梆！梆！

梆梆！梆！

意思是：可找到你了。快靠上来吧。多加小心别再"刺"出去。

在深山老林里从事挖参活动，把头和每一个人讲述的话都是用棍敲击的声音来传播的。放山时把头领着这伙人就像一个当家人领着自己的孩子，要随时关注每个人的情况。

"叫棍"这种特殊的语言。把头、外棍、里棍、雏把等人组成一伙，横字排开往山里走，把头要讯问外棍现在怎么样，叫棍是快三下：

梆梆梆！

梆梆梆！

外棍的回答是敲慢三下：

敲打树木是说话

放山把头后人正在展示索拨根。

梆！梆！梆！

梆！梆！梆！

把头要讯问里棍现在怎么样，敲的是快两下：

梆梆！梆梆！

梆梆！梆梆！

里棍回把头的话是多敲，碎敲：

梆梆梆梆梆梆梆！

梆梆梆梆梆梆梆！

因为里棍离把头近，什么事儿反应要快，不能让把头总分心惦记。外棍离着远，容易出事儿。这是放山行常说的"把头快敲叫里棍，慢敲叫外棍"。平时你一下我一下地敲，那是"平安棍"，报告一下自己在什么位置上，以便互相联系，心中有数。如果听到"麻达山棍"好组织营救。麻达山棍又叫"打点"。一听到这种棍，大家就集合靠拢，然后由把头给他回敲。由于一些地方地形地物十分独特，往往是两山之间的盆地，山里人称此处为"干饭盆"，有时麻达山人的棍声能传出来，可是把头给他的回棍声却传不进去。有麻达山人听到周围村子里的鸡鸣狗吠声却也走不出来，于是自己只好发出"绝棍"。绝棍往往是打一下：

梆……

梆……

麻达山人一下一下地敲打，直到敲不动为止，同伴们听到这种"绝棍"往往也是扶着树杆默默地流泪，为同伴告别。若干年后人们会在那儿发现一堆白骨。

有人问，同样是声，为什么不用语言？在深山老林之中，不用语言而使棍子敲出声音，表达人与人之间的思想、感情，有重要的科学意义和文化内涵。

在老林中作业，人如果不停地说话要耗费大量的精力，翻山越岭全靠力气，用棍子敲击去表达相关内容是省力又方便的一种语言。

另据医学工作者试验，说话是调动人的大脑、眼神等重要器官的综合结果，在山里从事采集活动，眼睛要时时盯着草丛和林中，而耳朵主要是听声音。用棍敲击表达思想，正好可以节省眼力，发挥耳朵的优势。

另外，行业之间有一种秘密的规矩，为了不外传，所以创造了这种"敲击"文化语言。

同时，手持一棍在老林中作业，又可以打草惊蛇，可当作武器。还有一个重要的原因是在老林中作业和生存的人，要同残酷的大自然打交道，所以人们至今

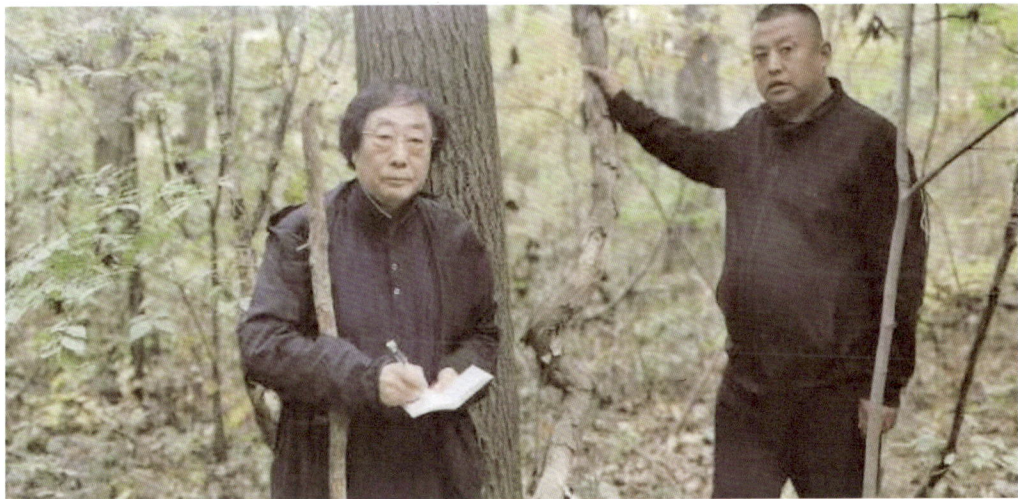

放山把头后人与本书主编合影。

还遵守古老的信仰和习俗。用某种敲击声来传递信息，是原始先民的一种交流方式。

在深山老林中挖参或进行其他作业的人们，很注意声音，他们认为声音往往能冲撞神灵。他们认为大自然中，一切草、树、天、地、云、河、石都有灵，而且人们常常举行一些崇祀仪式，以求其护佑。特别是他们每天接触的树和草。

他们还认为，人的语言往往会冲撞这些神灵，给他们的生存带来不幸。可是

不出声，不表达的情况又不可能，于是挖参人创造了"叫棍"这种声文化。

有一本书记载，"雅库特人通常并不高声诵念神的真名。因为按照他们的说法，如果提到神的名字，神就会作出反应，来到提他名字的那个人跟前并加害于他。"因此，人们对神灵的提及几乎都是警喻式的、暗示性的，表示它们的某种特征或面貌特点。

如萨满祭祀活动中是靠法器奏出的音响，去表达某个神的降临。如众神降临，鼓声紧急如雷，俗称"叫鼓"。这和挖参人的"叫棍"一样，都是通过声音来传述思想，表达情感，并和语言一样起到了推动生产生存和科学发展的作用。

挖参活动尽管是劳累的，但它不意味着仅仅是一种单调的负担。相反，人们常常是在一种追求的气氛中，怀抱着发现"大货"的希望。他们创造出"叫棍"这种神秘的声音文化来沟通情感和交流信息。把头的棍声从一进山就不停地响着，是指挥和凝聚他的一班人马的唯一的精神力量，是呼唤和团结的语音，是他们要共同去战胜严酷大自然的集体呼喊。此外，在挖参者们心目中，棍和由棍发出的种种声音也具有某种法力。

东北地区的放山人把索拨棍看成是神奇的工具，进山前、出山后和晚上睡觉前把棍摆放在什么位置上都是十分有讲究的，这些规矩是历史的传承，不可随意更改。北方民族往往把棍、棒视为人类起源的"神棒"，这表明了人类对树木的生命力的崇拜。

北方的诸多民族都有竿祭习俗，把竿视为天，而满族先民则把竿视为萨满去往上、中、下三界的梯子，人们对天神有什么要求，就要祭竿，通过竿或树来告之天界。而竿或棍不是缩小了的树吗？索拨棍最早被视为采参的工具之一，被认为有驱灾避邪的功能。晚上把索拨棍立于地窖子门前，灾难和鬼神都不来打扰。由于有神杆这位祖神的保佑，在这里挖参人手中的这根棍已具有了与一般工具完全不同的含义。

手拄一棍上山采参的实用意义是，可以防蛇和其他小动物，还可以拨开

草寻找人参，上山拄着用，又可减轻体力。《吉林乡土志》和《吉林旧闻录》载，自明清以来关内大批移民流入东北，"他们皆勤苦建业，不携家业。山东人最伙，直隶永平等地人次之。""其来时，肩负行囊，手持一棒，用以过岭作杖，且资捍卫，故称之为'山东棒子'。"可见，"山东棒子"一词来源于"闯关东"的关里人行走时

放山人后代正在砍兆头。

手里拿着的一根棒子，以防狗咬和上山拄着时当拐棍，并无任何贬意。

在老林中，任何一种动作，一种声音，一个色彩，都是与对神的崇贬。在老林中说话容易招致灾难，如同鸡叫能把太阳叫走；黄皮子（黄鼠狼）和猫头鹰能叫来灾难，它们的声音是一种死亡的预兆。表面上"叫棍"是和把头与各个方位上的伙计联系，其中也隐伏着乞求山神爷、祖先保佑的想法。

人参故事《忘干哥》说，"叫棍"发出信号惊动了棒槌鸟，来领他去寻找失散的兄弟。在这里棒槌鸟是作为"叫棍"声唤来的神灵形象出现的。在记述朝鲜族挖参习俗的《红松和人参》故事中，说红松和人参女是一对儿夫妻，在山上过着和睦的生活，而山上的人参是他们的孩子，挖参时必须敲着红松叫三遍"芳草！芳草！芳草！"这是给红松报信。如果不这样你就挖不到人参了。由于"叫棍"与挖参人刻在树上的兆头一样，属于行帮的秘密文化，因此具有自己的秘密传承途径。这种音调、音节、拍节、轻重、长短的敲击，是每一个放山人（挖参人）必须掌握的，尤其是把头。把头如果不干了，必须如实传承给下一届把头。如果是一家人，则要把敲击技巧和密码传授给儿子，这叫"移山"。同样在山林中从事狩猎、采集、采药等活动的行帮团伙，也必须熟悉挖参人的"叫棍"语言，否则就会遇到种种麻烦。对这种特殊"语言"的破译和搜集，将有益于全面了解东北民间文化。

敲打树木是说话

223

朝鲜族祝寿习俗

1936 年 12 月 30 日，在明东村举办的金仁俊大娘花甲纪念照。

当你沿着美丽的松花江，走进我国吉林延边朝鲜族同胞居住的那些村落时，可以听到一阵阵优美动听的歌声，如果你看到隆重的祝寿场面时，你会在心底里深情地说，朝鲜族是尊重老人的民族。

他们把尊重老人看成家庭乃至整个社会生活中极为重要的事情。在日常生活中，他们对老人关怀备至。一到节日，先要向家里的长辈恭喜问安，接着还要到村里的长辈家恭喜问安。朝鲜族聚居的延边，成立了老人协会，并将每年的 8 月 15 日定为"老人节"，也称为"花甲节"。每年都要举行尊老活动，为老年人健康长寿创造各种有利条件。让尊老习俗发扬光大。

他们把 60 周岁看成是人生道路上的分水岭，因而民间有 60 岁的花甲宴，70 岁的古稀宴，还有结婚 60 周年的回婚礼，这些都是他们特别讲究的风俗。

在花甲宴这天，儿女们为老人大摆寿席，广邀亲朋邻里欢聚一堂，深情地感谢父母的养育之恩。

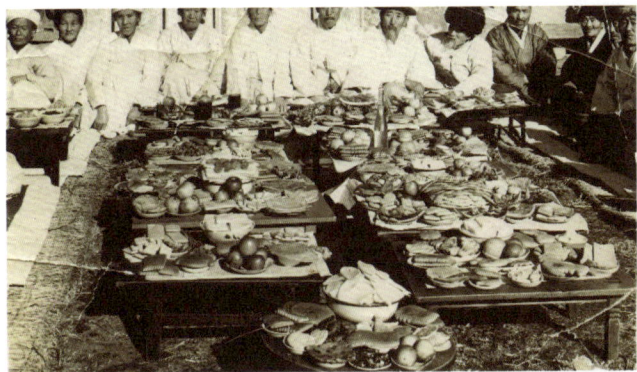

1962 年 11 月 7 日，朴云鹤和严今顺花甲宴。

2009 年龙井市三合镇北兴村梁基铉夫妇花甲宴。

2010 年在婚礼厅举行的金昌学夫妇花甲宴。

现场欢乐的朝鲜族老人与孩子。

儿女们先为老人换上一身特制的礼服，在大厅或院子里摆上寿席，花甲老人坐在寿席正中，同邻里中的同辈兄弟一起接受寿礼。

当寿架上摆好了糖果、鱼、肉、糕点和酒菜时，寿礼便开始了。儿女按长幼之序，亲朋好友按远近之别，依次敬酒献宴。或者敬酒，或者献祝诗，或者载歌载舞。

这些仪式后，祝寿便进入到大家欢宴的阶段。前来祝寿的亲朋好友，边吃边喝，唱歌跳舞，至兴尽方归。

提起花甲宴，这里还有一个故事。

古代高丽国时期，高丽国王发布了一条法律，老人到了60岁花甲，不管死不死都要埋葬。一位姓金的小伙子舍不得把老父埋掉，就把老父藏了起来。后来，有个国家给高丽国王出了三道难题，若答不出就灭掉高丽国，国王为此而发愁。姓金的小伙子给老父送饭时，说起这件事儿，老人眉头一皱，计上心头，想出回答三道难题的妙法。小伙子把这些办法告诉了高丽国国王，解救了国难。后来国王知道这些好办法是一位要被埋掉的老汉想出来的，就下令废除这条法律，并设"花甲宴"来纪念老人的智慧。

这类的故事汉族及其他民族中也有流传，但像同朝鲜族同胞们一样设立老人节的并不多，可见朝鲜族人更注重对父母养育之恩的回报，这也是朝鲜族人美德的集中表现。

老人节，体现了他们优良的传统美德，了解这个节日会使人对这个民族有新的认识。

晚辈向长辈行礼。

布置祝寿活动。

兴奋的朝鲜族老人在载歌载舞。

三世同堂合影。

正在玩儿民间传统游戏的朝鲜族老人。

酿酒习俗

酿酒的器械。

　　吉林大地盛产高粱、玉米、谷物，加之这里有甘甜的泉水，为酿酒业的发展提供了优质资源。

　　在东北大地，高粱烧酒遍地开花。用高粱、谷物酿酒、烧酒的地方又称烧锅。烧酒主要是指用经过蒸煮的粮食酿的酒。东北高粱烧酒有着非常久远的历史。

　　东北的烧酒品质上乘，有大泉源、龙泉春、积德泉、大安老窖、榆树钱等等名酒烧锅。这样的一些老烧锅，名扬中外。

　　如大泉源老酒，来源于早年女真人在苏克素浒湖边取水酿酒。

努尔哈赤统一女真人，建立后金后，命大泉源烧锅为朝廷酿酒、供酒的基地。

清光绪年间，出生于山东，发迹于奉天的商人傅成贤买下了大泉源烧锅和周边20多亩土地，把大泉源烧锅的经营推向了一个高峰。

傅成贤出钱请来山西酿酒大师主持酿酒。并派人去长白山选红松木做酒海。

这种酒海最大的容量为万斤左右，小的也有几百斤，一律用榫卯咬合。

酒海内壁，使用传统手工裱糊，用老纸和鹿血糊木缝，酒壁一经浸泡，这个木酒海就变得非常结实严密，能够防漏、防腐、防潮、防挥发，保持陈年老酒的醇香，是东北地区特有的酿酒具。

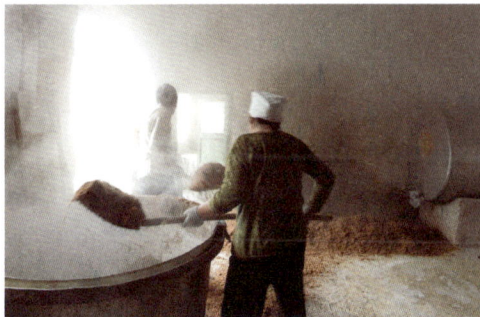

繁忙的酿酒厂。

准备酒曲发酵。

酿酒习俗

而且，大泉源作坊有这样一套口诀：

汤的酒，高粱灶，

老清泉水最保靠。

炉火旺，蒸汽冒，

木掀扬粮熟料好。

入老窖，出好酒，

小心放进用蒸锅。

盖扣好，气不跑，

木头棒子可劲儿烧。

酒在锅里哗哗跳，

两头儿掐，中间要；

师傅、徒弟忙着挑，

倒进酒海，盖封好；

年年岁岁味道好，

出的老酒美味儿飘。

别看酿在老林中，

一喝天下都知道。

据《通化县志》载，清末的地方官吏和巨贾富商，均以饮大泉源酒为上为荣。大泉源酒已经成为关东大地的品牌名酒，现今已被列为国家品牌产品，其酿造技艺也被列入国家级非物质文化遗产名录。

在吉林造酒老字号当中，积德泉烧锅的起源和发展，既传奇又独独特。

清乾隆年间，河北永宁府一个叫齐雨亭的人，带着家人闯关东来到了吉林的宽城子，即长春。

后遇到一个徐姓的酒师，于是二人一合计开了一处烧锅，取名涌发合。

道光年间，东北遭遇大旱，甬发合开粥铺，救济穷人，百姓称其为积德泉，自此作坊便改名为积德泉烧锅。

真正把积德泉做大的是第三代掌柜王玉堂。在他的经营下，积德泉规模逐渐扩大，产量增加，品质提高，糟腿子（酿酒工人）多达500人。

王玉堂采用东北民间古老的造酒技艺，例如踩曲子，他专门选用童男，一个个都脱光了衣服，只戴个小红肚兜儿，小脚丫儿洗得白白净净。站成一排，由一个梆子师傅领着，去踩曲房里踩曲。

踩曲师傅领着孩子们，唱着好听的《踩曲歌》：

阿兰巴里巴里咱！

阿兰巴里巴里咱！

当年，这种民间酿酒的踩曲歌十分动听，长春电影制片厂还专门为此拍过民俗纪录片，这也是东北最早的关于造酒的纪录片。

曲子，是上锅蒸过的粮食。踩曲，可以促进其发酵，但踩曲使粮食粒产生的变化也有不同说法，踩重了破坏曲子的结构，反而不易出酒；踩轻了，水分又出不来。所以，采用童子踩曲子，恰到好处。踩曲的时候，

木梆子师傅领着一起唱的踩曲歌。这种歌，是东北最早的酿酒歌，后来一代代传承下来，流传下来。

东北的酿酒有非常独特的习俗，每当第一锅酒出锅以后，就要等最尊贵的客人来尝出锅酒。出锅酒往往给尊贵的客人献上，但是头流酒一般为自己熟悉的人留着，因为二流酒是最好的酒。豆腐坊也是这样，出豆腐以后的豆浆，头一瓢浆要给老人，这是一种尊重老人的风俗。而酒却不完全是这样，最好的酒为二流酒，二流酒是一种珍贵的酒。

这个习俗的保留，是因为相传，烧锅开酒时突然来了一个老人。这白胡子老头儿走路一摇一晃，挂着拐棍，开烧锅的人对老人十分尊重，马上请老人到烧锅前，把珍贵的二流酒端给他。

没想这老头儿也实在不客气，人家递过一瓢，他喝一瓢，递过来一瓢，他喝一瓢，一连喝了十多瓢说："还要！"

这时候，负责接酒的小打就有点儿生气了，"啪嚓"把瓢摔到地下，心想："你这个老人家，也太不知趣了，这么给你酒，你怎么还要？喝起来没完？"

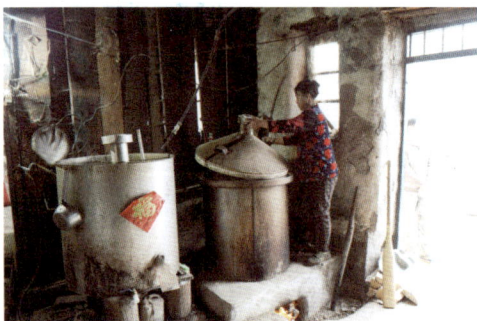
工人们正在查看设备。

此时，掌柜的走了过来。

只见掌柜的从地上捡起伙计扔下的瓢，擦了擦土，又接了一瓢酒恭敬地端了过去说："老人家，来吧，你继续喝，我再给你接酒，管够！"

小打都愣了，老掌柜的为什么这样给他酒呢？

掌柜也不解释，又给老人连递了五瓢，老人哈哈笑着喝完了。

喝完之后，老人走的时候，突然冲着院里的井吐起来。

这时候，小打们都开始埋怨掌柜的："他明明喝多了，你怎么还给他呀？"

正在酿酒的工人。

酿酒习俗

235

掌柜的什么也没有说，而那老人仰天大笑，转眼间出了门，不见了。

可是奇怪的事情发生了：人们发现，这个被老人吐过的井水，再打出来酿酒，口感特别醇香。后来，人们给这个井起名叫"仙人吐"，原来这是遇到了酒仙啦。

正在酿酒的工人。

这个故事，在东北各个酒作坊流传开了。

几百年来，积德泉烧老酒以它浓烈而不蜇口的特色保持下来，非常适合东北人的口味，不仅在吉林市场上有很大份额，还远销全国。

光绪年间，原西安县（今辽源市）有原籍山东魏氏兄弟三人，持家人魏志安，字华南，世人称魏老化，排行老三，又称魏老三，他是当年辽源造酒的首富。西安县就是辽源早期的名称。此地从前有两座大山，一座称为龙首山，一座称为王八脖子山，正好处于市区东西两边。

民间传说，那有一条青龙与一只乌龟，为争仙鹤口中珠闹得动静太大。惊动了玉皇大帝，玉帝将其点化成两座山，青龙被点化的一刹那间落起泪来，形成一股清泉，名曰锁龙泉。当年，康熙和乾隆东巡路过此地时，因禁忌"锁龙"二字，所以改名为龙泉。

魏氏兄弟是有心思的人，他们根据自己的考察，搜集相关故事和传说，并决定在锁龙泉旁建一处烧锅，起名龙泉春。

龙泉春烧锅设置在县城东边大街南头，有六大院套，三丈高的曲子房，土坯砌的大院墙，门口还刻着一副对联："猛虎一杯山中醉，蛟龙两盏海底绵。"横批："龙泉春烧锅"。

龙泉春一开业，就与众不同。

作坊的院子里，共18个窖池，专门贮存曲子。

大门是一个四方型木架子的门，上面书写着龙泉春三字，高大古朴。

龙泉春烧锅的规矩极严。每一个造酒的烧腿子进院之后，先到上房去拜酒爷祖师杜康，接着要拜见各道工序的师傅。院子里的工友要拜见院心，也就是管院子的头儿，曲子房的工友要拜见曲子房掌柜的，账房要拜见柜头。

总之，他们每天都得去拜师父，听取当天活计的指点以及注意事项。这套规矩，其实是古老技艺的传承方式，也是东北民间造酒的古老的文化传统和民俗理念。

无论是龙泉春、积德泉，还是大泉源，这些技艺都得到了很好的传承。它保证了这些烧锅精良、品高、名好，在关东大地形成了独特的品牌。

吉林酒在今天已经形成了品牌，比较出名的还有矻冰烧酒。

矻冰烧酒是由孔令海带领他的酒厂工人在大安创造的酒种。在建造酒厂时挖掘出过地下古老的酒窖，经过修复，他继承了古代矻冰烧酒的技艺，创得这一酒种。

古代的矻冰烧酒来自于欧阳修记的契丹人在东北造酒的故事。

孔令海所带领的大安老窖形成的矻冰烧酒，与龙泉春、大泉源、积德泉一样，都是关东优秀酒文化的代表性酒种。

今天看来，吉林的民间造酒有自己清晰的传承，活态的记忆。这种造酒的历史和技艺以非物质文化遗产的方式传承下来，形成基地，而这些基地既能造酒，又能为人们展示关东大地造酒的历史传承。无论春夏秋冬，只要你来到东北这块土地，你就会处处闻到烧锅的芳香。而这种烧锅的鲜明特点，是经过数代人通过各种艰辛努力在东北这块土地上所酿造实践形成的，他们传承了珍贵的造酒文化，谱写了辉煌的酿酒历史。

查干萨日 (蒙古族春节)

白色的新年

春节是中国民间最隆重、最富有特色的传统节日。春节是汉族新一年的开始，有些地方的新年庆祝活动，甚至到正月结束为止。在前郭尔罗斯蒙古族自治县，有着约占总人口 10% 的蒙古族同胞，在正月，也欢度着自己传统的春节，称其为"查干萨日"。

蒙古族民间对春节 (农历新年) 很重视，视这一天为一年中最盛大的节日。蒙古族人把一年的第一月，即正月称为"查干萨日"，意为白月。"查干"系蒙古语，汉意为白或白色；"萨日"是蒙古语音译，汉意为月。因为蒙古人自古崇尚白色，把它作为吉祥的象征。所以称呼新一年的开始为"查干萨日"，意为"白色的新年"。

郭尔罗斯是蒙古族古老的部落，元朝时由成吉思汗胞弟哈布图·哈萨尔统领。明嘉庆年间，随同科尔沁迁至嫩江、松花江汇合流域。查干萨日的传统习俗得以在我国多民族的大家庭中得以发展，游牧文化、渔猎文化、农耕文化的相互渗透，使前郭县的春节具备了独特的风格。

郭尔罗斯遵循祖辈留下的过年习俗，形成了有地域特色的春节习俗，

喜度春节时间较长，有庆小年、度除夕、迎初一、闹十五、终二月二的查干萨日习俗，并延续至今。

拜火神

　　郭尔罗斯是最早开放接受汉族文化的部落之一，因此，虽与汉族过春节的时间相同，并且吸收了一些汉族习俗，但过节的内容和方式始终保持了具有自己民族特色的风俗。传承至今，郭尔罗斯蒙古族人过春节即查干萨日是从腊月二十三延续到二月初二结束。人们在腊月十五以前就把牛、羊、猪宰好。

　　蒙古人视火为圣，自古沿袭祭火习俗。古代，郭尔罗斯蒙古族人在新年之前、腊月之末举行祭火大礼。蒙古族人自古就敬畏火，认为火乃万源之母，故有"火乃火之母"的说法，意思是说"火是创世之初的原动力"。火赐给蒙古族人温暖与腹中之美味，火也能够消除一切不洁与肮脏，火给了宇宙永生不灭的动力。所以蒙古族人给自己的民族起名称的时候就选择了"永恒之火"的寓意。蒙古族很早以来以祭火迎接白月，燃旺的火焰象征着一年里一切幸运、吉祥。祭火在过去比较盛行，每家祭火的日期和方式也不同。"哈日楚艾力"（庶民户）一般在腊月二十三日祭火，而"台吉"（贵族）在腊月二十四日祭火。

蒙古族人正在跳博舞。

查干萨日（蒙古族春节）

239

　　近代，蒙古族与各民族的习俗融合，逐步确定为腊月二十三日祭火，并拉开查干萨日习俗的序幕。这一天被称为送火神上天之日。当日早饭后，人们开始打扫庭院，粉刷墙壁。蒙古族人认为火代表着一个家族的传宗接代、人丁兴旺，故而十分虔诚，等到晚上满天星斗后开始祭拜火神上天。

用荞面做成香炉形状，用草原的红毛公草（类似芦苇），包上棉花作为香炉的灯芯，香炉中倒满黄油点燃灯芯。仪式开始后，在灶坑口点燃一堆火，有的牧户把系有五色彩绸的五小捆芦苇插在门外树上，将劈成细条的柞树放在燃旺的火撑子上方的四条腿上。主人户主穿好礼服跪在正门处的垫子上，用油网包好的羊胸骨连同白哈达、肉末粥等作为祭品献给圣火，然后由长辈点燃九盏小灯。妇女们则将美酒、黄油洒进圣火，并按顺序站立、叩头。

上祭品时，一般按长幼顺序排序（不同部落习俗也有所不同），虔诚叩拜。如有条件，还要专请喇嘛祭火。将祭品投入火中，把准备的供品"香干伊德根"，即黄油、炒米、奶制品、红枣、红茶叶、白酒等。逐一祭撒在火堆中，并在灶坑门的上沿边抹黄油，然后跪拜祷告："叩首跪拜火神灵，无灾无难佑门庭，五谷丰登六畜旺，生活美满天地长……" 口诵赞词，祈祷家人幸福，意在愿火神上天说好话。

蒙古族人们正在跳祭火神舞。

富裕的牧户在拜火神时会搞大型祭火，祭祀时用整羊，并将左邻右舍请来喝茶、饮酒欢歌。有的将圣火点燃后三天不熄，三天中不迁场，不在圣火上烤脚。祭火仪式结束后，全家开始进餐，有时也分一部分祭品送与附近亲戚分享。保佑全家安康。农历腊月二十三至三十日这七天之中，人们停止其他祭祀活动，认为各路神都上天了，无神的人间放假休息七天。

欢聚团圆

按照习俗，蒙古族过春节要拜两次年，一拜在腊月三十辞旧拜年，二拜在大年初一，迎新拜年。农历腊月三十谓除夕、年终岁尾辞旧岁，欢乐气氛尤为浓郁。在当日的早上太阳出来之前，家家户户炊烟袅袅，锅中放满了大块牛羊肉。煮熟后，首先拿出"德吉"用于祭祖。另取两块最肥的肉，一块吃饭前祭洒向四面八方，用以供奉各方神灵，请求保佑全家平安。腊月三十这一天吃早饭时，请长辈入上座，家里的人给长辈拜年磕头敬酒，长辈给晚辈祝福。饭后，人们穿上节日的盛装，贴对联，挂灯笼，并给家族里有威望的长辈拜年，呈现出一派欢乐的节日气氛。吃晚饭前，要举行"烧吐列希"，即祭祖仪式。人们拿上祭品，在一个平坦开阔的地方，为先祖烧纸供奉祭拜。祭拜时不断地说祝词。饭后，孩子们提着灯笼玩耍，亲人们相互串门拜年。全家团圆聚会，玩嘎拉哈、下鹿棋、听蒙古琴书等娱乐活动。家家户户灯笼高挂、灯火彻夜通明，不得吹灭灯火，在碾坊、仓房等地方都点燃灯烛，意在光明普照。

古代，年三十还要进行锻铁活动，蒙古族有个古老的传说《化铁出山》。

相传，大约在成吉思汗出生的两千年以前，北方草原上一个叫蒙古的部落与突厥部落经常发生战争，结果蒙古部落遭到了毁灭性的打击，从成千上万的死人堆里，只爬出来两男两女。为了躲避仇族，这四个人逃进大森林，翻山越岭，最后到了一个大山谷。一看这里非常偏僻，谁也找不到，就在这儿停下了，起个名字叫"额尔古纳昆"。在大山谷里，他们四人配

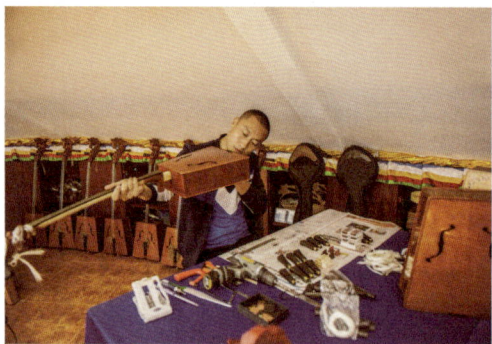
蒙古族匠人正在制作马头琴。

成两对夫妻，开始生儿育女，延续人类。就这样一代又一代繁衍相传，一点点地学会了驯马养羊。又不知生了多少辈小孩儿，死了多少茬老人，人口牲畜越来越多，多到原来空旷的山谷都快住不下了。人畜越来越多，山谷里能采摘的野果越来越少，已经有不少人和牲口饿死了。

这时，他们中有几个受人尊重的老人想出个主意，让大伙儿跪在山坡上祈求天神给指条出路。到了晚上，他们中许多人都做了一样的梦，梦见天神用一道红光把他们引到一个新家园。睡醒之后，大家凑到一起，都觉着天神是在暗示他们搬迁，让他们离开这儿。可这山谷里没有一条路，谁都没离开过，更不知道怎么才能出去，而且还有那么多的老人、孩子和牲畜，大伙儿又被难住了。

先前的那些老人们又凑到一起，他们想来想去，突然想明白了。于是，他们领着大伙儿找一个稍低点儿的山口，砍了许多的大树，堆到那里，点着了大火。火不太旺，他们又杀了几百头牛和马，用皮做成风箱，把火烧得旺旺的。

山石被烧爆炸了，还从裂开的石头里流淌出通红的铁水。烧哇，烧哇，也不知烧了多少日日夜夜，最后烧出了一条通往山谷外边的大路。从此，人们走出了峡谷和大森林，走进了广阔肥美的大草原。这个故事记述了这个蒙古族部落从被灭族到发展壮大的过程。

到了大年初一，人们的欢乐气氛达到高潮，凌晨主妇们开始煮饺子，男人选好今天的吉祥方位，走一百米不回头。回来后开始祭天（迎长生天），院中摆上祭桌，桌上摆放祭品，有生猪头、猪蹄、奶制品等，点燃九柱香和九杯酒，在祭桌旁点燃一堆柴草。他还把煮熟的饺子，用红筷子一夹两半，供给四面八方的神灵。然后，家中的主人带领全家在祭桌前跪下，先向南面跪拜，再跪拜其他方向，放鞭炮。饭前晚辈先给长辈磕头拜年，长辈给晚辈

祝福，赏压岁钱，按照家中辈分年长的顺序依次跪拜，吃大年初一的饺子。饭后换上新装给家族的长辈亲属拜年，整个拜年持续一天。如果有人过本命年，则要穿上红袜子，系上红腰带。正月初二早上吃馅饼，出嫁的姑娘也在这一天回门拜年。

从初一到十五，不论大人小孩儿都尽情欢乐。此阶段主要是探亲访友、拜年问候。前郭县蒙古族人们在与满族、锡伯族等其他少数民族的交流和融合中，还有了正月十六抹黑脸，二十五、二十六填仓满仓，二月二龙抬头日的习俗。这三种习俗都与农事有关，抹黑脸意为庄稼不得黑穗病，填仓满仓意在祈求当年五谷丰登粮满仓。二月二这一天不套车，不磨米，意在万物复苏，祈求一年风调雨顺。至此欢度"查干萨日"全部结束。

这一古老习俗在这一地区流传至今，虽与汉族的春节时间统一、气氛热烈、步调一致，但又保留着蒙古族传统节日习俗的特点，这便是前郭县"查干萨日"的独特之处。

查干萨日（蒙古族春节）也入选了"第三批国家级非物质文化遗产名录"。

查干萨日（蒙古族春节）

漏粉习俗

兰家粉坊遗址。

中国原始社会有对土地和种子的崇拜。

古人种地时，会把种子拌上肉种在地里，以感谢神灵给人们带来的风调雨顺和五谷丰登。

而在古代的诸多文献中，都清晰地记载了古人对土地的尊重和崇拜。人们也始终把土地当成神灵，认为是土地神给人们带来了食物，一直到人们最终把对神的崇拜转移到对祖先的崇拜上，才出现了中国古代家谱的传承。

靠墙而放的粉坊的石磨。

这种崇拜的变化，反映了人类从对自然崇拜到对祖先崇拜的流变过程。所以，从远古时期的原始印第安人到中国古代农耕人对种植物的认知，反映了人类对自然和科学总结的一致性，是农耕文化最重要的科学成就。

到了清代，东北的人口逐渐增多，对于粮食的需求量越来越大。特别是到了清代中期，越来越多的闯关东移民越过柳条边到达了东北。

据清代的历史文献记载，当年所有由顺治年间迁入中原的东北居民，又一批批返回到东北地区驻边、开垦，建立官庄，这是当时清朝的国策。

当年，许多返回北方的清兵，包括随旗、入旗的外八旗之人，只要来到北土，朝廷准他们每个人都携带着自己的石磨、犁杖、耕牛、种子、农具，自己耕作为食。他们自己栽种食物，而其中很重要的植物就是土豆，土豆属于一种早熟的植物，能解人之饥荒所用，所以又叫备用饥荒之物。

据《绥化县志》记载："北土驿丁携土豆上路，以备解途中饥苦。"而《舒兰乡土志》《永吉县志》也有驿站、驿丁、边民食用土豆的记载。可见当年，土豆得到了普遍的栽种和食用。各民族都普遍栽种

漏粉习俗

245

土豆，使得东北的边民在生活上有了一定的保障和改善，并形成了重要的土豆文化。

后来，又一场重大的历史变迁，使得土豆与北方民族深深地结了缘。

这与北方民族和闯关东的中原人组合在一起的生存有关。他们都有一种喜欢藏、酿的习惯，这种习惯使得土豆的栽种、储存、加工都得到了全

展示漏粉工具的老人。

面的深化与细化，使土豆文化开启了一个新的历程。而其中，就包括了土豆成粉的技艺，有着完整而丰富的过程。

这种北方民族的习俗和技艺，更加形成了自己独立的生产链和生活链。而更加重要的是，当中原闯关东的人们，把中原的栽种技术带到东北后，产生了独立的文化变种。闯关东人开荒占草形成的村落与土豆的栽种与加工形成了真正的地域特点，如长岭三青山连成片的粉条村就这样出现了。

东北长岭三青山粉匠村的出现与发展，见证了东北粉业的发展和清晰的文化走向，我们可以从大量的闯关东记忆中，得到大量的信息，并在三青山诸多粉匠村落的记忆当中，得到充分的证实。特别是这些后来落户于松原、长岭、白城、科尔沁等地区的居民中，都有普遍种植土豆并进行漏粉的一些过程和手法传承，在许多粉匠的口述当中，就充分说明了他们对土豆加工成粉的总结和挚爱。

行话

1. 蹚浆子：石磨掉碴，滚进浆子里了，这时，要立刻停磨，把磨盘翻过来，寻找石碴子。

2. 生浆（面水儿）：指磨土豆后产出的浆水。浆水在漏粉时，犹如发面时所用的"面引子"。

3. 养浆：将生浆养成熟浆（酸浆发酵）。

4. 上劲儿：同养浆。

5. 借浆：不自己生产浆水，向有浆水的粉房借浆水，进行漏粉。

6. 分浆：拉磨前，要将浆水按一套磨三缸水分好。

7. 过包：把渣子过滤掉。

8. 桄包：晃动过包。

9. 茬高了：撇缸时，没有撇干净。

10. 茬低了：撇缸时，由于过深，致使粉面浪费。

11. 过罗：倒浆到小面缸里。

12. 上兜子：把小面缸里做好的粉面子，用刀铲和小面锹倒到兜子里。

13. 打兜子：拽住两根兜子绳，使劲碰撞，便于沥水。

14. 卸兜子：把沥完水的粉坨子卸下来。

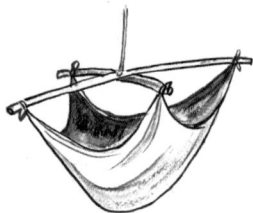

15. 插面子：将粉坨子用粉插子插成粉面子。

16. 炕面子：将粉面子铺放在热炕上捂热。

17. 擩面子：和面后，不断擩揉，使面团柔软、融合。

18. 打芡：用开水将粉面子稀浆烫熟，使之成为半透明的胶状稀糊（稀糊制芡），用于下一步和面。

19. 溜芡了：粉面子软了，需要添面子。

20. 棒芡了：粉面子硬了，需要添水（当地人习惯将"棒"读作"bǎng"音）。

21. 小鬼儿跑了：芡不足了。

22. 没劲儿：没有浆劲儿，粉面子和不到一起。

23. 添顶了：在和粉面子时，添加的干浮面子过多。

24. 叫瓢：正式漏粉前，测试擩好的面子的软硬程度是否适合漏粉和粉瓢是否顺手。

25. 上瓢：测试结束，可以开始漏粉了。

26. 拍瓢：用手拍打粉瓢里的面子，开始正式漏粉。

27. 走瓢：大粉匠坐在锅台上，手持瓢在锅上方走动拍粉。只有经验特别丰富的粉匠才有这个本领。

28. 烧大火：给粉锅烧火，看火候。除了烧大火的，拨锅匠也管火候。

29. 撒风儿：火候到了，为使火力变小，要停止拉动风匣。

30. 鼓上：火力不够，马上拉动风匣，使火力变大。

31. 拨锅：防止粉条粘锅、糊锅底，从锅里往倒粉锅拽粉。

32. 倒粉儿：将煮好的粉条倒入缸中，进行冷却。

33. 拿粉儿：将粉条逐一挂上一个个粉杆，再放粉池中进一步冷却。

34. 提粉儿：冷却结束后，将成杆的粉条提到粉车子上。

35. 走水：拨锅匠拨动锅里的水，使漏出的粉条随着水的旋转，直接进到缸里。

36. 倒桄：两只手像捯线桄一样，不断倒动漏出的粉条，一般是倒到 5 ~ 6 桄时，将粉条剪断。

37. 换水儿：勤换淌缸里的水，防止淌缸里的水过热。

38. 扎锅：漏出的粉粘到了锅底。

39. 上豆芽子了：漏出的粉条不成根，断得像豆芽一样，表示漏粉没成功。

40. 扣瓢：漏粉没成功。

41. 抹瓢：粉匠用手将粉条从瓢底抹断，中间可以休息，抽一袋烟或歇会儿。

42. 挂瓢：当天粉漏结束。

43. 断腰：粉丝没拨好，晾晒时抖搂不开，容易掉条。

44. 并条：粉条没有抖开，粘到了一起（当地人习惯将"并"读作"bìn"音）。

45. 顺当：问候语，寓意粉条卖得好和办任何事都顺顺当当。

漏粉工具细节展示。

用来漏粉的磨粉工场。

250

漏粉过程

粉条生产是一个繁杂而劳累的过程，需要在大粉匠的统一协调指挥下，通过众多粉匠和相关人员的相互配合，才能完成的一项复杂的工作。

其生产过程主要包括：选材、拉磨、制浆、制粉、漏粉、储粉六个主要环节。

具体生产流程如下：

首先，通过选土豆、洗土豆等环节备好料，才能进磨房，此环节叫"选料"。

然后，将土豆上磨，随着石磨转动，粉浆从出浆口徐徐流出，流进或倒入浆缸，这道工序叫"进跑缸"。

粉浆进入大浆缸之后，还要用棒子不停搅动，使上面的残渣和下部的淀粉两者分离，用梁瓢等用具将上面的残渣撇出，这道工序叫"撇浆"。

匠人们正在漏粉。

工人们正在漏粉。

做完的粉条正在被拉到晾晒场地。

工人们正在整理粉条。

撇浆之后还要将剩余的粉浆倒入大浆缸之中，将剩余的残渣过滤出去，这道工序叫"过包"。

经过沉淀后，将上部的清水舀出倒掉，剩余部分的粉浆则倒进小浆缸进行沉淀，这道工序叫"进小浆缸"。

粉面子逐渐下沉，上部的浆水变清，需将上部的浆水倒掉，然后将下部剩余的粉浆装入粉兜子，这道工序叫"上兜子"。

几个人轮番晃动和拍打粉兜子，沥掉多余的水分，此时一个白白净净呈半圆球体的粉坨子就出炉了，这道工序叫"打兜子"，也叫"出坨子"。

需将粉坨子放到户外晾干，这个环节叫"晾面子"。

漏粉的工序相对繁杂一些，但这些环节都比较重要，非一般人所能为，必须请来大粉匠操刀，在此之前，如果自己家没有大粉匠，就需要雇有名的大粉匠来做这一步。

请来大粉匠，下一步环节就是漏粉了。

首先，要将粉坨子用粉插子插成粉面子，这个环节叫"插面子"。

接下来，将粉面子平铺在烧热的东北大炕上，使之加热到一定温度，这个环节叫"炕面子"。

而另一边的烧火师傅早将一大锅水烧开了，这时大粉匠会找个芡坨子，掰一块用温水稀释，用开水冲芡。这个环节叫"打芡"。

粉芡制作好了，需就着这股热乎劲儿揉面，此时有四个以上粉匠围着大缸转着圈走，一只手不停地插进缸中的粉面里，这个环节叫"揉面"。

大粉匠拿着粉瓢坐上锅台，先将少许揉好的粉面子放入瓢中，随着"啪啪"的拍瓢声，人们的眼睛都开始集中到大粉匠身上，这个环节叫"叫瓢"。

如果大粉匠感觉面子软硬和各方面条件都可以了，就开始拍粉了，发展到后来，为了节省拍粉的力气，大粉匠就会喊："上瓢！"这时就会有专人将手拍瓢把儿的另一端吊挂起来，高度与大粉匠手握的一端高度一致，这个环节叫"上瓢"。

此时，随着"啪啪"的拍瓢声，一缕缕银丝一样的粉条垂入锅中，在沸水中起舞，这个环节叫"拍瓢"。

煮少许功夫，用一根长筷不断拨动锅里的粉条，防止粉条粘锅、糊锅底，并从煮锅里往倒粉锅拽粉，这个环节叫"拨锅儿"。

接下来，就将煮好的粉条倒入缸中，进行冷却，这个环节叫"倒粉儿"。然后将粉条逐一挂上一个个粉杆，再放粉池中进一步冷却，这个环节叫"拿粉儿"。冷却结束后，就要将粉条提到粉车子上，这个环节叫"提粉儿"。

人们将粉条一层层平铺到粉车子上，等过了 12 小时，才能去晾晒，这个环节叫"醒（xǐng）粉儿"。

第二天，粉匠们把粉条运到室外的晾粉场粉架子上去晾晒，大约需要两天时间，人们用草、马莲、秫秆等拧成绳子，将晾好后的粉条捆成捆，装车倒运到粉库储存起来待售，整个过程才算圆满结束。

工人们正在摔打粉条并晾晒。

漏
粉
习
俗

255

工人们晾晒粉条后会打捆，这时粉条就可以进行出售了。

口述习俗

　　口述，原本就是说话、讲话的意思，在东北民间，成为一种讲故事、唱歌谣、说谚语的风俗，又统称为瞎话。

　　各个民族在长期开发建设吉林的过程中，创造了各具特色的民族文化与地域文化，吉林省的民间故事和传说在反映了各民族的共同心态和感情的同时，不断演变和完善，又有其鲜明的民族和地域特色，十分丰富。

民间故事

　　民间故事，是一个地区或一个民族经年累月口传下来的精神文化成果，它是人民创造力的体现，有绵长的历史。吉林民间故事源远流长，内容丰富，包括神话、传说、笑话等等，体现了各民族悠久的历史文化传统和吉林省的"一地风情"，既有民族个性，又有地方特色，也有独特的艺术风格。它蕴藏在各民族中间，依附于民族的存在而存在。就其分布来看，大体可分为遍及吉林全境的汉族民间故事、以长白山区为主的满族民间故事、延边一带的朝鲜族民间故事和西部草原地区的蒙古族民间故事。

长白山。

　　吉林省的汉族神话大都来自中原，且多依附于白山松水而流传，成为风物传说的组成部分。中原的古老神话和传说，如女娲补天、大禹治水、牛郎织女等流传到这里，则借助于长白山奇峰怪石和古老蛮荒的环境，有了新的变异。

　　长白山天池出水口西侧，有一光滑平坦的巨石，长约 50 米，如"天"字之一捺，由湖心向池畔抬升，最高处 10 余米。在吉林流传的民间传说中这块巨石被认为是"补天石"，是女娲补天剩下的遗石，又传说附近有女娲"炼石场"，其石"五彩玲珑"。同是炼石补天，吉林传说又有所不同。《女娲补西北天》讲的是女娲在炼五彩石的时候，见天上有窟窿，便用冰块把西北天堵上了，所以，冬天一刮西北风，吉林这地方就比关里格外冷。

　　长白山上有金梭峰、牛郎渡、织女洗儿石、织女峰等，人们把牛郎织女传说附着于美丽的长白山景物，加以发挥。传说还有人拾得织女洗儿时的褓褓，可谓逼真。

　　天池景致清幽犹如仙境，以"龙宫演操"而闻名，周围有十六峰，奇峰峻岭，似剑如云，各得其名，各有其寓意深刻的传说。

东北地区也有河谷的存在。

松花江上放排的船工，以其绝技驾驭木排，战胜险滩骇浪，留下他们的信仰和传奇。《康大蜡山》的传说，讲述了一个黑夜放排出了事故，死而化为神的船工故事。每逢江黑林暗之时，人们便点燃两支通天大蜡，从山尖往下照，让放排行船人在急湍奔腾的江水中看准线路。这个以生命化为巨蜡的船工，为世人景仰。

传说中的圣女也在自我牺牲中化为美人松，卓然挺立，洒下热血和泪水化作温泉。

所有风物传说大都与自然景象相映成趣，寄托人们的理想和愿望，展现出人间美好的图景。吉林省不但有丰富的风物传说，也有许多历史人物传说，如孔子、韩信、诸葛亮等，也有本地人物张凤台、韩边外和抗日英雄杨靖宇等。这些历史人物传说，都被掺进当地风俗，用当地语言流传，表达人们对他们的敬仰之情。

长白山人参，古称辽参，自汉末即见载于医籍、史书，唐时已成为进贡长安的贡品。又因医药上有重要价值，又酷似人形，加上采挖困难，所以关于人参的传说故事较多。这些故事生动有趣，独具特色，在吉林故事中占有显著位置。清朝统治者曾严禁除满族以外的其他民族挖参、狩猎。但是因山区丰富资源的吸引，每年从中原、山东来冒险的"走山者"不计其数，有的人挖到大参、发了财，也有俗语称："一年跑关东，三年吃不穷"。

较早的还有《老把头开山》《红松和人参的故事》《王红挖参》等故事，都反映了山东、河北一带人们"闯关东"逃荒、创业的历史，表现了他们对美好生活的追求和挖参的艰辛。

人参故事中的人参不仅仅是一种贵重的药品或财宝，有时也被幻化成

典籍里的故事。

皮影戏《樊梨花征西》。

可爱可亲的神灵。人参精多是戴红兜肚的赤身小孩儿或是善良美丽而又聪明勇敢的姑娘，他们帮助采参人脱离苦难，甚至做了采参人的知心朋友或理想的情人，这和采参人多是单身"跑腿子"的处境是分不开的。也有以老人形象出现的善良长者，他在深山中能隐能现，吸引着各种采参人，考验着各种人的心地。人参往往是探知人心的试金石，心地狭窄、自私贪婪、见利忘义者常常受到它严厉的捉弄和惩罚。许多人参故事都描写了放山人结伙搭伴，在危难中互相帮助，有难同当的情节去掉。把以心见心、生死可托作为重要的道德观加以表现，时时以"善恶到头终有报"警世喻人。

《老把头开山》讲的就是山东莱阳人孙良来长白山挖参，最后为寻找好兄弟，自己因为又累又饿而死的故事。至今，通化县还留有孙良的坟和刻有他死前留下的诗石碑，采参人称他为老把头。采参人冒着酷暑，不惧狼豺虎豹，终日在茫茫森林中寻觅，生命毫无保障，对大自然寄予凤愿，把遇难时化为白发老人前来搭救的老把头孙良奉为保护神。

所以，关于人参的传说都具有浓厚的浪漫主义色彩。故事中涉及到的挖参习俗、信仰、放山人的行规制度以及人参的生长和药用知识等等，对研究我国人参文化具有重要价值。

民谚云："关东山，三宗宝：人参、貂皮、靰鞡草（或云鹿茸角）"。其它两"宝"也都有各自的传说，根据其自然生态展现出不同的形象和奇异的幻想。"人参、貂皮、靰鞡草"传说中的人物大都是给人以温暖和幸福的角色，他们舍己为人、不畏困难。这些角色显示出不同于中原人的吉林人的品格。

吉林省桦甸的夹皮沟，盛产黄金，清代后期，夹皮沟曾出现一个以韩边外为首的金帮集团，他创立了一个延续几代的淘金王国。省内外的许多从业者集拢而来，为了生存，便依附于"韩边外"淘金，产生了许多有意思的故事。大量淘金故事，不仅涉及到广泛的社会生活，而且富有浓郁的地方特色。

人参故事衍生的剪纸作品。

这些淘金故事的幻想成分很浓，人们常常把当地出产金子比喻成天上的金牛到此屙金尿银，并用"石头缝里都往外淌金水"这类的说法形容此地的矿产丰富。但更多的是写出在动人心魄的金货面前一个人的思想品德。特别是两个人共同得金的情况下，通过描写他们对黄金的态度，深刻表现他们的内心世界。对那些为了独吞黄金而干出伤天害理之事的歹徒和贪婪的东家，把头会给以无情的鞭挞。这些故事融进现实的体验，呈现出严肃的主题，反映出淘金工人所受难。

有些情节还描述了淘金人与金场掌柜斗智斗勇的情景。这些故事也反映了吉林人民开基创业的艰辛。吉林的淘金故事与中原故事中的同类题材故事也有不同，故事的主要人物是从关里来的一些淘金人，他们为"金砂"而卖命，但在友情、义气和金子的天平上，又视黄金如粪土。他们用"闯关东"挣来的金钱扶危济困，赡养爹

娘，这种仗义疏财、扶老爱幼的传统美德，是中华民族传统文化思想的共同体现。

　　吉林民间故事中也有大量的长工与财主、两兄弟和巧女等生活故事题材。在这些故事里，除生活、劳动方式、习俗外，人物、情节和主题等基本同中原地区的同类民间故事相似外，都具有鲜明的地域文化特征。

　　东北是满族的发祥地。远在千年前即有女真国王在钓鳌台祭天的遗迹。近年挖掘出满族萨满神本中的神话《天宫大战》，是满族的创业神话故事，非常珍贵。故事表现了满族先民对生命的执着追求精神和他们战胜自然、无所畏惧、炽热奔放的民族性格。

　　长白山博大神奇，满族自古将其视为祖山。金代、清代皇帝都以长白山为"祖宗肇迹兴王之所"，长白山也同样孕育了满族族源神话。传说长白山上有个圆池，是满族始祖母佛库伦洗浴的地方，《天女浴躬池》讲的

制作麻将的铜版模具。（关云德满族民俗博物馆供图）

就是佛库伦吞吃红果生圣子的传说。关于老罕王（努尔哈赤）放山的故事，康熙东巡的传说也有很多，大多附会于长白山的某些胜迹，或带有某些明显的历史印记，这些作品都具有浓厚的满族色彩。老罕王、康熙等狩猎

朝鲜族女孩儿在弹奏伽倻琴。

的传说，深刻地表现了北方狩猎民族以弓矢定天下的英雄主义和艰苦创业精神。

清代统治者在吉林伊通等地圈定了三个围场，供皇帝围猎。受满族影响，在长白山里狩猎遗风至今不衰。射虎、捕熊的传说都别具特色，故事的主人公往往失其本名，被泛称为李二虎、王大胆、老炮手、老木把等等，都是当地群众所拥戴的出名猎手，他们机智勇敢，不惜性命，与凶兽搏斗，为山民除害。其中既有宝贵的狩猎经验，严格的猎俗，又有打围人的群体意识和互救互助的团结精神，充分表现出了猎手们的骁勇智慧及质朴正直的思想品质。

我国朝鲜族人主要聚居在延边朝鲜族自治州，其余散居在吉林省中部和东南部各县。朝鲜族主要从事农业生产，其水稻栽种有悠久历史，有自己的民族文字，有独特的民族风俗，能歌善舞。在长期的生活中，他们在创造自己的民族艺术同时，产生了本族的民间文学。

朝鲜族的口传文学在历史传承上有两个来源，即受到了汉族文化和朝鲜民族文化的影响。已故朝鲜族民间故事家黄龟渊老人，生前讲述了五百多个故事。他讲的故事时间和空间的跨度大，内容丰富，情节曲折，在朝鲜族故事里具有代表性。朝鲜族民间故事，无论是风物传说、生活故事，

还是幻想故事，均情景生动、细腻、优美，富于民族风情，充分地表现出朝鲜族人民在开发自然和与封建统治者斗争中的机智勇敢和幽默才能。如《孔妮和潘妮》《牧童与公主》《朝鲜族顶水的来历》等，他们很少拘于固有的故事模式进行创作，而是通过多样的方式表现出这个民族的活泼、开朗和乐观精神。

我省西北部草原，系属科尔沁草原的一部分。今前郭尔罗斯蒙古族自治县一带曾为成吉思汗四弟的后裔蒙古王爷郭尔罗斯的游牧地。那里流传着古远的蒙古族族源传说。

《化铁出山》的故事，讲述了蒙古族先民在北方额尔古纳昆（险峻的山坡）山谷，烧化矿石，流出铁水，打开通路，走向草原，壮大了自己的民族的故事。还有关于日、月古老的神话，都表现出了这一古老民族的坚韧和顽强的品格。

花团锦簇的朝鲜族少女。

《兄弟战蟒斯》《黄骠马》《黑马敖包》等传说故事，皆背景辽远，视野开阔。流传在草原上的塔虎城与金兀术屯兵黄龙府抗击岳家军的故事，从另一面看待了民族的冲突与交融。

《安代舞的传说》《找幸福》《猎人与公主》等作品，则表现出蒙古族追求幸福、战胜疾病、创造世界的民族勇气和豪放的民族性格以及精骑善射、喜歌爱舞的民风。

民间故事是在吉林大地中生根发芽的，同时也是在特有的民间文化艺术环境中和劳动生活中传播、发展的，有着它多方面的社会功能。

吉林省冬日昼短夜长，在生活贫困、文化生活缺乏的年月，劳动群众围在一起用讲故事的方式打发漫漫长夜。他们把自己存身的暖炕、冬猎的土围子、放牧的窝棚、打渔的网房子和挖参狩猎歇宿的地窝子，当作说故事、讲"瞎话"的场地，年深日久便形成了民间文化特有的传播方式。

弹奏伽倻琴的朝鲜族妇女。

朝鲜族老人正在表演圆鼓。

在特定环境里，群众的自娱自乐，满足了他们对文化的需求，传播了生产知识，为他们所喜闻乐见，影响甚广。广大劳动群众从生活中创作的故事，表现他们在艰苦生活环境和繁重的劳动中面对困难，勇于斗争的精神和对美好生活的向往。

深夜从草屋中走到外边，人们看到远处山岗上红光闪闪，有什么东西飞流下山，就创造出了"人参精搬家"的故事，续上了"棒槌营"的光明结尾。一些木把们在凌晨冒着冬季严寒摸黑上山伐木，危险万分，便编出老把头显灵护佑的奇异故事。无家室又辛苦万状的挖参人，幻想人参精变成美女，使好心的年轻人在得"宝"的同时也得到美妻。

人们就这样在风雪弥漫、饥寒交迫中，满足着自己的精神需求，娱乐着自己，鼓舞着同伴，鞭挞着凶恶势力，从而获得生活的力量，人们的精神世界是丰富的。

正如恩格斯在谈到民间故事时所说的："在一个农人晚间从辛苦的劳动中疲乏地回来时，使他得到安慰，感到快乐，使他恢复精神，忘掉繁重的劳动，使他的石砾的田地变成馥郁的花园……使一个手工业者的作坊和一个疲惫的学徒的可怜屋顶变成诗的世界和黄金的宫殿，而把他的健壮的情人形容成美丽的公主。"

如上所述，吉林民间故事在人物塑造上，多与创作者自己的生活经验

朝鲜族打击器乐——圆鼓。

郭尔罗斯乌力格尔。

和美好理想密切相关，所以很容易抓取人物形象及性格特点。故事大都篇幅简短，语言流畅，情节富有一定戏剧性。

在吉林这片黑土地上居住着的各族人民，素有勤劳和强悍的民风，他们不怕艰苦，不畏强暴，不仅有能征善战的历史，而且有反对剥削压迫的传统。因此不少地方传说都贯穿反抗强权、除暴安良、保家卫国的积极主题。即使是写地名来历的历史，也常交织着抗争的内容，如《八百里瀚海》《大布苏泡的来历》《火烧船厂》，这些故事中留下了吉林人民英勇斗争的一面。特别是在近代对沙俄和日本侵略者的斗争，产生了大量抗击外来侵略者的故事。这些故事家喻户晓，有口皆碑，是鼓舞士气、增强民族意识，进行热爱乡土、热爱祖国教育和革命传统教育的生动教材。

从内地流传到吉林省的故事和大量本土故事，讲述着许多历史知识、生产技艺、各族传统礼仪和民族风情等等。特别是生产知识、操作技艺和表演艺术，往往通过故事中的口诀和韵语得到传承。如《神鱼脸儿的传说》《鲁班传线》《周警尉三难王毛子》《"金不换"奔班儿》等，不但启迪人们的智慧，端正人的品格，还简明扼要地说明事理的原委，教会人们运用技艺的方法。这类故事大都是工匠、二人转艺人在多年演出、献艺中总结出来的宝贵经验和授徒之法。故事的思想明确，易懂好记，口诀简单，启人心智，是民间知识传承的重要载体。

吉林民间故事，在吉林大地上产生、传播，受到人们的欢迎和喜爱，它像乳汁一样哺乳着一代代人成长，它也以生动的题材和丰富的内容影响着作家创作。根据人参故事《扇子参》改编的吉剧《三放参姑娘》，在全国戏剧汇演评奖中，一举获得八项奖励。在庆祝中华人民共和国成立四十周年吉林省首届艺术节上演出的根据人参故事改编的大型舞剧《人参女》轰动了北京文艺舞台，被认为是"长白山献上的一颗通红的人参果"。生活是创作的源泉，植根于人民群众生活中的民间故事将为作家创作提供更加丰富优美的素材。

民俗谚语

吉林谚语的地域特色，深深植根于东三省之腰腹、松花江之源流，突出表现为"大江之边"的"江沿儿"风采。

吉林市流传着一条家喻户晓的乡土谚：

吉林城，琵琶弯，铜帮铁底松花江。

寥寥只言片语，即生动刻画出吉林城所处的地形特征：松花江自东南蜿蜒而来，平缓西绕复回旋东行，行行且止又漫湾西转，长驱北流穿省而去。江流轨迹活像琵琶下腹那鱼状共鸣箱。登高远眺，江流环抱的吉林城宛如黑白分明对应的阴阳鱼，从而充满了神秘与吉祥。

在"鱼眼"处，恰是北山。

清末吉林三杰之一的诗人成多禄，曾登临此山玉皇阁题联云：

绝妙朋游，有明月一杯，好山四座。

是何意态，看大江东去，爽气西来。

联中"好山四座"是说东之龙潭山、西之小白山、南之朱雀山、北之玄天岭。当地人以"左青龙、右白虎、前朱雀、后玄武"四象神名之。至于谚中"铜帮铁底"，则谓松花江沙石铺底，榆柳盘堤，底固帮强，进而别寓。清顺治年间在此建水师、造战舰之举。原名"船厂"的吉林，因以得名。

满族谚语云：

小白山飘香，老白山点头。

又云：

小白山下祭祖，老白山顶用心。

此类谚语道出了满族先民前往小白山祭祖的古老遗风。17、18 世纪，康熙、雍正、乾隆三帝，接踵前往松花江畔小白山下望祭、修殿，诸如：

近处立个庙，心到祖自知。

心上立个庙，诚祭祖自知。

此类典故谚语，在茫茫吉林谚语中，以其独特的"江沿儿"特色，映现出清皇室及其子民世代在此立庙致祭的历史风情。

吉林谚语的"江沿儿"风采，与其地缘特色紧相关联。如：

天平地平，人心不平。

人心一平，天下太平。

这条在各族中广泛流传的时政谚语，寥寥十六言，竟连用五个"平"字，恐怕绝非偶然。吉林地处浩阔的松辽平原，人们面对"江沿儿"大地一展四平，情不自禁地对不平世道顿生无奈慨叹和美好憧憬，不亦理所当然？

人们常说人杰地灵，地灵与人杰密不可分。对此，谚语说得更加明白如"一方水土养一方人。"从吉林谚语中，我们不难看出是江沿儿这一方水土，养育了杰出的吉林一方人。

仅以清末吉林巨商牛子厚为例。百余年前，牛氏祖上从山西省逃荒到此，初时挖参、采金，继而开杂货铺、大车店，至第四辈牛子厚开银号、绸缎庄，已家累万金。牛氏"升"字大商号从吉林遍及全国 300 余处分号。牛子厚癖好京剧，慷慨斥资办喜连成科班，培育众多京剧栋材。牛子厚亲自推荐梅兰芳，他的艺名也是牛子厚给取的。如是人杰，牛子厚天生笃信谚语，尤奉"一辈子交官，十辈子打砖"为圭臬，特别厌恶官场的险恶、肮脏，决心一生只交下层，不交官府。

日本侵入东北后，牛子厚濒于破产。伪满洲国一政要觊觎其家产，提出与之联姻。他严词拒绝。然而，迫于太多压力，女儿心疼父亲，自己出面请嫁，牛子厚万般无奈只得就范。但他深以为耻，拒不面见这个投敌的官亲，以至避居北京终老。耐人寻味的是，他最后所剩家宅，也以"陪嫁女儿"为由，被划归那个"官亲家"名下。牛氏万不得已交了一次官，果然应了"十辈子打砖"之谚。

吉林谚语的"江沿儿"风采，不仅表现在人文历史风情，更普遍表现在当地民众的生产生活中。在白山黑水之间，最饶有特色的放山、采参、淘金、狩猎等生产活动，孕育了大量最饶有特色的生产谚。如：

关东山，三宗宝，人参、貂皮、靰鞡草。

棒打獐子瓢舀鱼，野鸡飞到饭锅里。

活现出吉林这块关东宝地的特产风情。

人参籽不红，棒槌雀不来，

深山远见大姑娘，一定是棵棒槌王。

穿衣要合身，挖参要合群。

放山一条心，草也变成参。

道出了参农放山的宝贵经验和高尚品行。

黄土掺粒沙，黄金大把抓。

金子是双铺双盖，当间定是臭泥带。

这些则是采金工的经验之谈。在"江沿儿"土里淘金，自有其"土"经验"黄土掺沙粒之处，常常藏有黄金。两重沙土间夹着臭泥的地带，则可能蕴藏着黄金层。"遇到这样的地形，只要留心细找，就会找到金矿。

富饶的松花江横穿吉林，滋润大江之边，因有著称全国的丰产农业。农业得益于大江，其农谚自然不乏"江沿儿"特色。如：

地是黄金板，人勤地不懒。

寸土寸金，地是老根。

把土地比做"黄金板"及其"老根",如此夸饰土地的重要,不独揭示农户惜土之情,更突现"江沿儿"这片沃土的确珍稀如金,非寻常可比。这里的农时天候,在谚语中也得到了充分的展现。

过了芒种,不可强种。

九月九,大撒手。

说过了芒种,强种也无收,过了农历九月初九,农田已收割完毕,可随意放牧,而无须看管。

老云接驾,不阴就下。

不用交九,冰上可走。

太阳冽嘴,冻死小鬼。

包朝格柱乌力格尔。

无不展现出"江沿儿"其地独有的天候农时。

在吉林谚语里,与地域特色相辅相依、交织交融的民族特色,早已深深植根于自古至今的民族发祥、繁衍、迁徙、交往的历史风情长卷,突出表现了各民族的交融。

就人口数量而言,汉族人口在吉林省远多于兄弟民族,然而,就谚语特色而言,满、蒙、朝等兄弟民族谚语,却在吉林谚语中闪射出格外夺目的光彩。令人惊奇的是,在吉林谚语中,兄弟民族谚语和汉族谚语大量地在各族地区同时互译互传，交织折射出各民族的漫长历史渊源和交织相融。

长白山产东北虎。在各民族中广为流传的"虎谚"，即以其独特的雄姿，记录着吉林的民族发祥、发展史。

早在唐代渤海国时期，当地居民就习以猛虎比英雄，有谚曰：

三人渤海当一虎。

此谚最早见诸南宋洪皓《松漠纪闻》。洪皓被高宗遣任金国通使。洪拒不仕金，被拘十五载，始放归故国。他焚毁书稿，得以过关南归，嗣后但凭记忆重录成书。书中尽写金皇室世系及东北人物风情，弥足珍贵。如："言契丹、女真男子常有外室、小妾等情，惟渤海无之"。渤海男子足智骁勇，因有上谚。时至金代灭辽而掩有天下，此谚又衍化为：

渤海三人当一虎，女真满万不可敌。

遂被后世东北方志史籍反复引用，各族百姓广为口传。清代征战入关时，又出一谚：

去时刚盘辫子，回来骨什（尸）坛子。

此谚说，少年武夫盘上辫子赳赳出征，却一去不返，只有发辫装入尸骨坛子捎回。满人以为，人的灵魂寄居发丛，人死尸烂而毛发不朽。诸如此类的古谚，在三言两语中，蕴蓄着多么丰厚的历史人文内涵！难怪各族民众至今还不时在口中传诵。

吉林境内另一人数众多的兄弟民族——朝鲜族，时约清朝末年，为连年饥荒所迫，一批又一批朝鲜族人扶老携幼，避灾逃荒，跨过鸭绿江，来到长白山下定居。这些勤劳的朝鲜族民众在此山清水秀之地，种植水稻，致富发家，进而成为白山黑水的永久性居民。

扎下根生活下去，就是故乡。

他们短短一谚，道出了宏阔的迁徙图景和涵化胸襟！

值得注意的是，无论土著的满洲，还是外来的朝鲜族人，抑或其他如蒙古、回、汉各族，在生产、生活，以至心理、志趣、习俗等诸多方面，都不断地、

自然地相互效仿、交流、吸收和涵化。这种状况，被大量地注入吉林谚语。

许多生活、事理、修养、社交谚语，各民族常常异口同声：

宁可担柴卖草，也别给人当小。

开弓没有回头箭。

树怕伤根，人怕伤心。

宁说三声有，不说一声无。

就几乎一字不差地同时流传于各民族中。

汉族谚语"国有国法，家有家规"和满族谚语"朝廷王法大，旗人家法多"，各族民众人人耳熟能详。清代臣民叩拜君王时自称"奴才"，还要抖下马蹄袖，行效犬马之状大礼，"王法"不谓不"大"。

满族家庭，较之汉族"孝"规更严，儿媳要给公婆装烟倒茶，早晚立规矩。在朝鲜族家庭，家规更不逊色。他们的"父子不同席""皇帝也不慢待老人"等谚语，表现出典型的"东方仪礼"之风，倡导孝行可谓登峰造极，连位极天下的皇帝也躬行不悖。

满族、朝鲜族其谚其义，与当地汉族儒家：

蒙古族人正在表演四胡。

百善孝当先。

以孝治天下。

不说一脉相承，也算诸脉相汇。

当地汉族谚语讲：

少壮不努力，老大徒伤悲。

朝鲜族谚语也说：

宁叫少时苦，不叫老来穷。

甚至说：

少年受罪，金钱难买。

从被动应付进升至主动迎接，更见相异之中深蕴着一种相同的民族精神。

不仅如此，各族民众即便各言其谚，谚面各展其彩，而其谚义也常常如出一辙，息息相通。

汉族谚语："不敢下大海，哪得夜明珠"，满族谚语则说"不潜松江底，怎得夜明珠"；汉族谚语讲"没有金刚钻，就别揽瓷器活"，满族谚语则说"拉不开硬弓，就别想当超哈（士兵）"；汉族谚语讲"蚁穴破堤，蝼孔崩城"，朝鲜族谚语则说"大堤也为蚁穴崩"；汉族谚语讲"宁做穷人脚下土，不做财主席上珍"；蒙古族谚语则说"宁做民众脚下的尘土，不做贪官手中的明珠"，等等，何其相似。

语言是习俗的一种载体，同时，其自身也成一种习俗——语俗。谚语笼罩着浓浓的民俗风情，当然顺理成章。千百年来，各民族大杂居、小聚居的"江沿儿"大地，风情文化多彩多姿、交流交融的生动图景，在谚语里得到了绝妙的艺术再现。

众所周知，人口迁徙是民族、地域文化风情交流交融的重要途径。历史上，出于生计原因，关内山东、山西、河北等省居民曾大量"闯关东"谋生。其中，不少人定居吉林，带去了中原的文化风情。年深日久，他们

及其文化风情在关东扎根、交融，以至被涵化。这种情况，也大量反映在吉林谚语中。吉林有谚云：

> 想回山东家，舍不得关东大脚丫。

一谚道出了两省的两俗：关东妇女不缠脚，大脚丫子别有风情；而山东妇女则缠脚，以"三寸金莲"为美。

山东谚曰：

> 九月九，小脚缠成黄瓜纽。

即记载着历史上山东女童于农历九月初九缠脚之俗。山东汉子落脚吉林，审美、习俗已随地、随时而变。如此短小谚语，如此明白如话，却多么生动、深刻地闪射出古老缠脚风情从关内到关外、从昔日到现今的巨大变迁！

在谈及谚海反映文化风情时，不能不说说"江沿儿"大地的艺术特产——民间小戏"二人转"。吉林谚云：

> 宁舍一顿饭，不舍二人转。

二人转所以如此为百姓所喜闻乐见，主要在于它非常贴近百姓生活。正如谚云，它"说的庄稼话，唱的庄稼词儿，吹的庄稼调儿，演的庄稼人儿。"同时，还在于它艺术形式小巧玲珑，田头地边，屋角炕沿儿，既便

蒙古族人正在表演四胡。

演出又便观赏。"二人转"戏谚自豪地说：

一人演多角，神分人不分。

演员是多面手，演各个行当，入戏后神韵各异，个性分明。不独如此，寥寥俩人也能天才地表演出波澜壮阔的活剧，正如戏谚所称：

千军万马，就数咱俩。

其谚其艺多么精彩、多么神奇！

吉林谚语至少富有以上地域和民族的两大特色。至于谚语自身的基本特征，吉林谚语应有尽有，自然不在话下。

传统歌谣

吉林歌谣的题材和内容，离不开生活和成长在这块土地上的各民族人民的历史和体验，是这里百姓的生活史、创造史、文化史、经济史的真实写照，反映了这里人与人之间的关系、道德、伦理、斗争、生产、恩怨，记载了他们同大自然进行残酷搏斗的历程。吉林歌谣内容丰富，题材广泛，从人们的日常生活到礼仪习俗，从上古的神话传说到特殊的行帮活动，从久远的生活历史到对未来的畅想，无所不包，无所不含。

反映生产劳动开发关东山的歌谣，不仅极其丰富，而且具有鲜明特色。

清中叶后，东北开禁，吉林进入了一个空前的开发阶段，开荒斩草、农耕饲养、伐木放排、掘煤淘金、捕鱼狩猎、种烟沤麻、养蜂酿蜜……体现行业特色的歌谣，内容丰富多彩，语句合辙押韵，形式短小精悍，既真实，又传情，真是三百六十行，行行都有自己的歌谣。

生产劳动歌谣非常注重科学性，往往描述的是人们改造自然时的经验、体会。

摞紧爬犁牵住牛，未曾起卧想咋走，脚踏实，留神瞅，防止擀面树撞头。(《牛串坡》)。

　　生存的危难，给人提供了生存的经验，这首歌谣真实地告诉人们放山伐木要注意的事项。东北的长白山，山深林大，自古就有放山伐木活动，这类歌谣真实地记录了人们的生存历程。

　　在人类开发大自然的劳动中，少不了人们的团结和共同努力，最典型的歌谣是《劳动号子》，那一首首生动感人的号子，唱出了从前人们共同合作去对付残酷的大自然，维系生存的重要历史。这类歌谣产生和传唱传达了一种劳动形态的民俗风情。

　　号子一人领，多人合，这一领一合，体现了劳动活动中的同心协力，透出人与人之间的团结精神和心灵的沟通。而这种劳动行为的一致性，正是从前吉林民众在战胜大自然的过程中最主要的精神体验，这一点在号子歌中得到了验证。如《抬木号子》《打夯号子》《捞木头号子》《拆垛号子》《搭肩号子》分得非常细，足见其丰富。

　　描写劳动场面的歌谣是吉林歌谣中颇为生动的部分。这类歌谣来自劳动者自己，是他们面对生活从内心呼出的感受：

　　有心要把江沿儿离，舍不得一碗干饭一碗鱼。

　　有心要把江沿儿闯，受不住西北风开花浪。

　　双手抓住老船帮，一声爹来一声娘……（《捕鱼歌》）

　　这种在劳动中透出的感怀，饱含着捕鱼人对东北大江大河的甜酸苦辣，那种对生的无奈和对人生的感叹，都十分生动地展现在字里行间。

　　使用三脚搓麻机，宁海宁德搓麻线，

　　紧搓慢搓一通宵，一筐麻线长了尖……

　　这首朝鲜族的《搓麻绳》，对搓麻的妇女在搓麻机前的岁月做了生动的描述。

大风天，大风天，大风刮得直冒烟。

刮风我去打老虎，打个老虎做衣衫。

又挡风，又挡寒，还长一身老虎斑。（《大风天》）

这首满族歌谣既唱出了狩猎人到大自然中狩猎不易，又道出了吉林冬季的壮观景色，打了老虎还做了一身兽皮衣，具有浓烈的生活气息，既表

蒙古族的老老少少围坐在一起看四胡演奏。

述了生活真实，又极具浪漫色彩。

反映吉林人民千百年来的生活和斗争的歌谣，是这里歌谣的又一重要组成部分。

吉林地处祖国东北边陲，由于白山松水蕴藏着丰富的矿藏和动植物资源，早就为外来侵略者垂涎三尺。经过多次的入侵和沦陷，这里的人们经受了过多的痛苦和危难。

明末清初，关内许多移民来此"跑马占荒"，也就常常同朝廷或蒙族王公的"租子柜"发生矛盾，由此产生的这类歌谣很有特色。

大罗圈，小罗圈，阿玛跑马占荒山。

占荒山，不纳捐，招来垦民二十三。

又刨地，又烧田，村前村后冒黑烟……"（《垦荒歌》）。

可是，

农夫一生有多长？春耕秋收年年忙……

旱田肥沃垄沟长，谁来替我把汗淌？"（延边朝鲜族歌谣）

吉林盛产粮豆，广大农民在农耕生活中形成的农业歌谣是人民生活的又一重要内容。

往南传，往南传，红毛罗刹闯进边……

貂皮狐袄都拿走，还偷玛发一篓酒。

官兵来了剁他手，看他丢丑不丢丑。《往南传》

这首歌谣充满了抗俄斗争的昂扬激奋，体现了人民苦中有乐的精神风貌。

天空中的云雾弥漫在山岗，难免还要服役上战场。

请佛告知我死亡的良药哇，捧上供品虔诚地祈望……

在这个世界上生存下去实在难哪！（《遥远的山》）

战争的灾难给人们的平静生活蒙上了阴云，人们在心底希望战争快快离去。这是当时吉林各族人民处在战争的灾难之中的感叹。但是人们还是坚强地站起来了，面对侵略，为保边疆，大家团结一致抗俄。

蒙古族人正在表演传统乐器——潮尔。

今晚天上月亮高，为保皇爷去练操。

骑大马，挎腰刀……

剁死毛贼得安宁，五谷丰登天下太平。（《八旗兵营歌》）

口述习俗

八旗是清代军队的一种组织形式，平时生产，战时参战，反映了吉林民众当年的生活形态。战争使这里的男儿走上战场，许多人血洒疆场，尸抛荒野，家中留下了妻儿孤小，但是：

关东丫头性情怪，不用红媒不图财，

爱你心直像飞箭，直来直去到头白 。(《关东丫头》)

男儿拼死，女人持家，于是大量的长工苦歌、抓丁歌、鳏寡歌、媳妇苦、光棍叹等等，几乎俯拾即是。

关东人寡妇带孩子的多，于是《小白菜》《山老鸽》《小麻雀》《小黑羊》一类的歌谣特别丰富，都是描写女人没了男人，带着孤儿，过难日子的情景。许多女人离开家去自谋生路。由于这儿山高地寒，女人不易存活，于是一些《光棍谣》《跑腿子歌》和《怕老婆》一类的歌谣也相继产生。虽然感叹生活上没女人、少女人之苦，但又透出这里人们的一种生活情趣：

光棍苦，光棍苦，光棍衣破没人补……

光棍好，光棍好，光棍丢了没人找。(《光棍汉》)

然而吉林大地上更多的生活歌谣是那些直接表达人民的爱憎、对邪恶势力奋起反抗、对统治阶级和外来侵略势力的残酷剥削与暴虐给予无情揭露的歌谣。

全国人民八年抗战，其实东北人民则是经历了十四年艰苦抗战，关于抗日的歌和谣以及歌颂杨靖宇将军的作品流传得特别多而广：《杨靖宇志气高》《老白山里逞英豪》《当兵就当革命军》《杨家将，杨家兵》和《靖宇美名万世传》就是这类歌谣中的经典之作。

吉林人民经历过过多的苦难，终于在 1945 年和全国人民一道迎来了抗日战争的最后胜利，产生和流传在这一时期的歌谣记载了吉林人民长时期的抗敌斗争的历程，将和编年史一起构筑成吉林人民的悲壮历史，这些歌谣无疑将成为永存史册的珍贵诗篇。

蒙古族呼麦至今仍在吟唱。

蒙古族歌手正在表演呼麦。

吉林各族人民在长期的生产和生活中形成的民俗风情仪式歌，是吉林歌谣文脉中很有价值的一部分。风俗和礼仪往往是人们生活的重要内容，而用歌或谣来表述和实践这些内容往往是人们的一种习惯，因为用歌谣来述说便于人们的记忆和传承，人们根据生活斗争的需要自觉或不自觉地创造、因袭、传播使歌谣丰富发展起来，而所有的风俗和仪式都是人们不断地使用它和传承它，这也许是作为仪式本身这种文化形态所决定的。

由于很早就有中原汉民族来吉林生存繁衍，许多习俗仪式带有中原和北方民族相融合的浓厚迹象，是多民族民俗和礼仪的典型类别。如《上梁歌》《婚礼歌》《圆坟歌》，特别是一些反映年节习俗的歌谣，特色更鲜明：

吃了腊八粥，赶紧往家溜。(《吃了腊八粥》)

腊八粥是用八种粮米做成，而过了腊八，年就来到了，所以这是说在人家做客吃了腊八粥就赶紧走，别在外边耽搁。表现了这里的民族不连累别人，不给人家造成麻烦的善良心地。年节习俗和礼仪中的满族歌谣《笊篱姑姑》，是典型的仪式歌谣：

笊篱姑姑送喜来……

天门开，地门开，背柴抱柴都是财。

相传笊篱姑姑每年元宵节来到各家，各家要在门口手拍笊篱迎她。据说笊篱神救过清太祖努尔哈赤。中原地区的河南、河北一带也有这种风俗，而在北方，人们把"笊篱神"附会成清太祖的救星，反映了这种民俗的地域性和融合性。

歌谣是人们心底的文化，是人们观察社会，注视自然的一种文化形态，用歌谣概括生活，已成为人们对生活的总结和长久传播这种文化的重要手段。民俗仪式歌谣的地域性很突出。

小冰嘎尖又圆，一条鞭子打着转。

一转二转连三转，转来转去看不见。（《打冰嘎》）

这是讲述北方各民族青少年一种在冰上玩的娱乐歌谣。而《嘎拉哈歌》《过了腊八包豆包》《放风筝》就更具有北方民俗特色了。

传说故事歌在吉林歌谣中也占有重要的位置。

吉林地域属于多民族居住的区域，其中如满族、朝鲜族、蒙古族、锡伯族都是喜欢载歌载舞的民族，如满族在其生活中有"讲古"习俗，英雄创世纪的故事用这种方式讲述传播开来。这种"讲古"有很多时候是"唱古"，就是用韵文来传承，这就是著名的故事歌或传说歌了。

居住在吉林西部草原地带的蒙古族，善于用长歌来传唱本民族的英雄人物，其内容以突出人物为主。如《陶克陶胡》《达那巴拉》《成吉思汗的小黄马》等等都属于故事歌。

许多故事歌和传说歌来源于民间传统题材。如《唐王征东》反映了我国地方政权实施统一的历史；《孟姜女送寒衣》是传统的传说主题，还有一些《对花》《盘道》《十二月对唱》往往都是通过这种形式，讲述古今中外的英雄人物和历史事件：

正月里，正月正，王二姐房中叫春红，

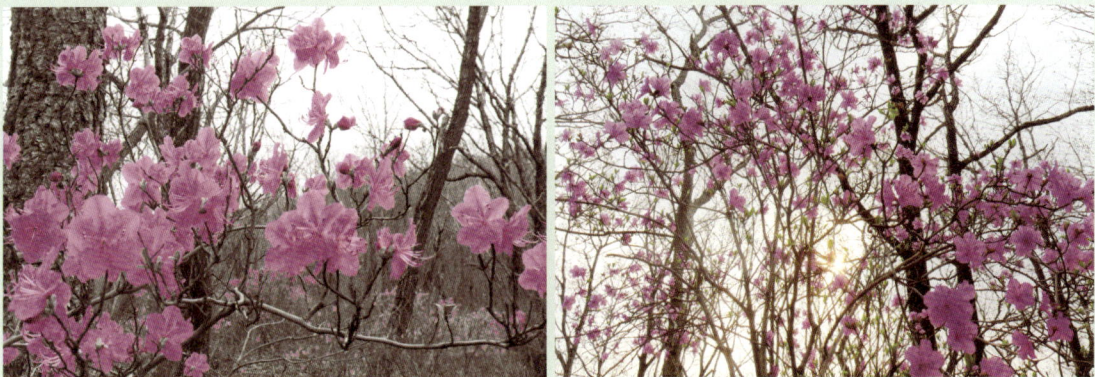

映山红，别名"金达莱"。

打开奴的描金柜，拿出来五色绒，

闲来没事绣花灯，显一显手段敬敬明公。

一绣花灯众位先生，刘伯温修下北京城。

能掐会算苗广义，徐茂公有神通，

斩将封神姜太公，诸葛亮七星台上借东风……"（《绣花灯》）。

传说故事歌这一类歌谣往往流传在民间艺人的口中，在他们的演出中往往为了引起观众的兴趣，根据情节要求就加进与之有关的歌谣，受到了观众的欢迎，起到了传播历史知识的作用。还有许多短小歌谣被民间艺人用来做"二人转"的"小帽"，词精曲炼耐听，所以往往能很快得到传播，普及程度几乎是家喻户晓。

独具特色的行业歌和劳动歌是吉林歌谣的重点，这是同这里的民族、历史、山川地貌与自然环境分不开的。

另外，东北特殊的行业如造纸、烟麻、相马、大车、棺材铺、花子乞丐等等，都有各自的歌谣，这些都是有别于中原地区的重要的行业歌谣。谈到行业歌谣，我们不能不提到东北的"马贼行"。

马贼又叫"土匪""胡子"或"响马"。清中叶到日俄战争以来，东北大地沦陷后，农民们失去了土地，无家可归，于是聚帮成绺。这其中，也确实是有些底层群众，受不了外来侵略和当地封建势力的残酷压迫，揭竿而起，形成了官逼民反的绺子。

青纱帐立起来，拎枪骑马入大排，

不抢无房无地的户，专抢叫儿撒欢的大老财……

有朝一日天地变，跪倒爬起是好汉！（《拉大排》）

逼你上梁山，不干也得干。

穿上血布衫，开弓没有回头箭。（《开弓没有回头箭》）

天下第一团，人人都该钱。

善要他不给，恶要他得还。（《横丁团》）

这种行当歌谣，把人性的弱点暴露无遗，临被处死前，他们认识到自己的后代绝不可再干这种行当，而如今落得这个下场，是被逼无奈呀！

很多时候行业歌谣传达了重要的知识内涵和科技信息，包括一行一业对本行的技术和对动物的认识，如《相马谣》中：

先看一张皮，后看四个蹄。

掰开嘴，再看牙口齐不齐。

就是讲述了响马、农人和北方民族对马的识别经验。因此行业歌往往包含着大量的文化信息和知识信息，是重要的知识资源宝库。

情歌在吉林歌谣中占有重要位置，并有其独特的形态。

情歌多是歌唱男女间的思念和爱情，离别之苦以及包办婚姻造成的悲剧等等。但是历史上的吉林山高林密，地处荒寒，加之中原来"闯关东"的男人早期多半孤身一人，在打工、扛活儿的岁月中和地主、地户家的闺女产生爱情形成了这儿独特的情歌，在这方面大量的东北民间小唱《五更》《串门》《观花灯》等等，几乎无处不在。吉林大量的情歌唱出了男人外出，女人在家的思恋之苦：

哥是响马走天边，人不回乡信不传。

高山想哥抬头望，江河想哥泪不干。（《遥望月亮爬上山》）

当了响马，留在家里的女人盼着亲人早回归，其实是在盼着浪子回头。

闺女别恋木把郎，四时八节想断肠。（《木把谣》）

当了木把只好上山给把头大柜卖命，不可能回到亲人身边。

八月十五月儿圆……天上月圆人不圆……

盼我郎君把家还，小两口儿比蜜甜。（《情郎采参进深山》）

《棒槌雀子叫声高》则直接把凄苦的男女分离的故事编成歌谣。棒槌雀即是人参鸟，形似小猫头鹰，又似杜鹃鸟。这种鸟儿是雌雄双栖，雌鸟的叫声凄苦哀婉，山林里常常传来"王干哥——王干哥！"的叫声，而且每当这种鸟儿一叫。远处就有"李妩！李妩！"的回声。据说从前山里有个叫王干哥的青年，和美丽的李妩姑娘相爱，后来王干哥的娘有病没钱医治，他进山挖人参—去不复返，李妩姑娘进山寻找，结果无音讯，后来双双变成棒槌雀，日夜在山里呼唤着。这首歌谣唱出了北方地域中那种感人的爱情，具有典型意义。

中原"闯关东"的男人来到北方，家里的女人常常拖儿带女来此"寻夫"。《天上人间在身边》《放马相亲》《十大想》《十唱送哥上木帮》等等，都直接反映了这个内容。旧社会男人属于创世的一族，要养家糊口，就得外出寻找生活出路，而家里抛下的女人，则独自饱尝着孤寂的凄苦：

哥呀你别走，要走离了婚再走。

别把我一人抛在家乡……(《捕鱼歌》)

与中原女人怀念来东北"闯关东"的男人们一样，居住在珲春一带的满族和朝鲜族姑娘，对去遥远的大海插海参、拧海带、捕鱼的男人充满了思念，她们从心底发出"要走离了婚再走"的呼唤，把女人眷恋男人，害怕孤寂，离开丈夫而无法生活下去的心理，表达得淋漓尽致。

而《嘎扎铃》《龙梅》等，都把爱情生活、过程、仪式、信仰等表现

满族刺绣（关云德满族民俗博物馆供图）。

得十分充分和生动。有的是传说中的故事歌，更多的则是真人真事记录；有的是个人生活和感受的写实，更多的则是经过几代或多民族及不同地域的融合与传唱，不断加工完善的作品，使这些情歌具有深刻的思想性和生动感人的艺术魅力，并成为一种重要的情歌类型而载入吉林歌谣史册。

儿歌是吉林歌谣的又一类重要内容。

儿歌的最显著特点是活泼、快乐，有独特的娱乐性。有的读来朗朗上口，虽然没有实际内容，但却对儿童们了解自然、了解社会生活、学习语言知识等方面有不可或缺的作用，如：

花蝴蝶，要出嫁。

隔壁邻居来瞧它。

谁赶车？蚂蚱。

谁吹手？蛤蟆。

多咱娶？立夏。（《蝴蝶要出嫁》）

把生活和季节、动植物的知识融入一体。这类歌谣最典型的是《对歌》《猜谜歌》《问答歌》，把大自然和生活中的许许多多"为什么"通过歌谣来一问一答，不仅传播得快，又便于孩子们的记忆。

吉林的儿歌产生在白山松水间，带有浓郁的民族特色和地域特色：

秫秸篾儿编笼子儿，里头坐个黑虫子儿。

又会唱又会笑儿，拿到街上卖两吊。

走到半路拣俩钱儿，娶个媳妇带俩孩儿。

一个住城里儿，一个住城外儿。

一个卖凉粉儿，一个卖榨菜儿。(满族《秫秆篾儿》)

其中充满了生活情趣。

前面没轱辘，后面没轱辘。

冬天雪上走，夏天爬上树。(《爬犁》)

这则歌谣通过猜谜和问话，把产生于冰雪中的北方爬犁，形象地描绘出来，夏天爬上树，是指夏季冰消雪化时把爬犁挂在树上，十分形象巧妙。

吉林的诸多儿歌是妈妈唱给孩子们的《摇篮曲》，这也是中原地区和东北歌谣的共同特点。属于母亲的育儿歌，是大人和孩子双向参与的儿歌类别。除此之外如《外婆桥》《扯大锯拉大锯》《小摇车》等等，都属于这种类型。

在吉林歌谣中还有一类不容忽视的歌谣，那就是"哨"。

"哨"又叫"哨歌"，是从人们平时打的口哨中引出的一种歌谣形式。口哨因为来得快，随意性强，所以这种哨歌也是人们随时创作出的歌谣，往往即兴而发，而且是对哨，就是两个人来比试，比谁哨的俏皮哨得有劲儿，哨得大伙跟着笑。哨属于双向交流的一种歌谣形式，在这一点上，有点儿像西南民族的对歌。

哨，既是一种形式，又是一种内容，往往产生于一种集体劳动的场合。两个人的哨带有表演的意味，能使诸多人参与评价。

要说难，就是难，人生处处都艰难。

花开青春老来少，儿子孝母父心宽。

哥们和气家不散，妯娌和睦婆母顺气丸。

寡妇无男身无主，跑腿子在外左右难。(《哨难》)

这统统是在一种集体活动中，如铲地休场，或秋收地头，一人提起难，

冰车——孩童的记忆。

于是大伙开始述说。包括《说丑牛》《老狗》《榆树钱儿》等等，都是一种话题。有了一个主题，于是大伙借题发挥。

值得注意的是吉林的哨歌在互相哨时从来不涉及爹娘，这是和这里的一种尊老习俗分不开的。哨的双方约定俗成，只哨哥嫂，不骂爹娘，这是传统思想对这种歌谣在形式和内容上的一种限定。

听起来有些哨没有多少意义，但当人们劳累的时候比一比哨，反而增加了大家的生活情趣，于是减少了劳累，恢复了体力，便于更好地参加生产劳作，这也许就是哨的意义。

哨歌由于能很快地创作并流传，这样可以使一些不良的现象得到很快的抨击，并及时得到改正，如对一些不爱干活儿的妇女的讽刺，常常是由哨歌完成的。

有这么一位李大哥，娶了一个懒老婆。

香水香粉使劲地搓，烟卷一天七八盒。

喂猪打狗她不干，针线活计她不学。（《懒老婆》）

你二嫂的前大襟，鼻涕嘎巴能有一指多高。

手指盖里的泥，抠巴抠巴一铁勺。

小孩拉了屎，不收不擦扣上个瓢。

做了一锅小米饭，不挑不簸也不淘。（《埋汰二嫂》）

形象具体给人烙印很深。这种近似于讽刺歌谣的哨，得益于东北地区二人转的"说口"讽刺艺术风格。二人转艺术的创作几乎影响了东北的家家户户。于是，许多哨的创作者往往也从中借鉴了某种艺术手法，利用深刻观察，把要讽刺的重点抓住，并以简洁的语言加以概括，在对哨中传播，使这种歌谣在吉林民间产生、传播并发展流传。

吉林哨歌多属生产歌谣和劳动歌谣，只是在劳作之中或之余，如田间地头，或送粮路上，老板子和掌包的为了打发漫漫长路而创作的一种具有吉林特色的北方地域歌谣。

总而言之，吉林各民族的歌谣，大体可分为三类，一类是"歌"；一类是"谣"；再一类是介于"歌"和"谣"之间的"辞"或曰"说口""小帽"。"歌"有相对固定的曲调和韵律；"谣"则是一些不太严格的韵律，没有曲调；"辞"或"说口"是既不像"歌"那样按照曲调和韵律来进行演唱表演，也不像"谣"那样可以顺口就说出来，而是附在某些说唱艺术如二人转、拉场戏的开篇或演唱中间的穿插，统统以讲述的故事或戏曲为主引出的有关内容，一经出口即情趣横生，充满强烈的感情色彩和幽默诙谐的意味。

吉林的"歌"是能进行演唱的，一般都是用民间乐器进行伴奏，如流行在广大农村的《五更》《小女婿》《瞧情郎》《卖饺子》等等，用农家的二胡、板胡、喇叭、大鼓、手玉子等伴奏，往往在一定的群众聚会时进行自娱或民间艺人专场演出时演奏和说唱。朝鲜族的《阿里郎》《道拉基》以及各种《打铃》《嗡嘿呀》等是最普及的歌谣，在表达时也使用朝鲜族的鼓和伽倻琴来伴奏，使得"歌"得以更完善的传播。蒙古族的"歌"则更是离不开手中的乐器，如《陶克陶胡》《安代歌》《达那巴拉》《成吉思汗》《婚礼歌》等都是民间演唱艺人使用马头琴、四弦琴、潮尔等乐器来奏曲演唱或述说。

整句歌多指一些字句要求较为严格的歌谣，有一些本是文人创作，但在被民间艺人改造、加工、形成口语化、通俗化传唱过程中，被群众所接受，并得以在民间流传。其内容生动，讲述的都是古今的人物、故事，所以不仅深受民间艺人们的喜爱，而且也受到了广大群众的欢迎。

还有东北民间的"四大"之类，《四大香》《四大红》《四大黑》《四大快活》《四大舒服》，都必须四句。而且这种格式已在传讲者和传播者

口述习俗

287

的不断实践中丰富和定型，同时被严格遵守着，从而形成了一种固定的形式。

组歌是吉林民歌的另一种重要形式，往往是几首或十几首短歌连在一起，表达一个完整的内容，每唱就是一组，否则就是不完整，如果丢头落尾，就流传不开。这类歌主要是产生于生活中的事件程序，如《婚礼歌》就是典型的组歌，它包括在《相亲歌》《过礼歌》《上轿歌》《下轿歌》《祝酒歌》《入洞房歌》等等，与《婚礼歌》相般配的《哭丧歌》等也是这样。

叙事歌在吉林歌谣中也是较重要的一种，如蒙古族的叙事歌，都是讲述一个英雄或一个事件，每一首歌谣的句数较多，有时多为抒情和对叙述的事情的详细描写，颇有韵文故事的叙述风格。

吉林的歌谣有丰富多彩的表现形式和独特的艺术风格，就以汉民族的劳动歌为例，现已查明确定的形式就有五言四句、六句、八句，七言四句、八句、十三句等。吉林歌谣的音韵大部分押自由韵，也有只押调不押韵的，这主要是少数民族的歌谣。如朝鲜族、蒙古族歌谣，也可能是翻译上的问题，而绝大部分歌谣有严格的韵律。这种情况是同生活在这里的民族发展与繁衍的生存规律分不开的。

位于东北亚中心的吉林自古以来就接纳了大量中原来闯关东的人们，而早期的中原流人有许多是才子佳人，他们的出关，给吉林文化添上了重彩的一笔，使中原文化迅速和东北文化进行融合，体现在歌谣中的如民间仪式歌、传说故事歌、儿童游戏歌等数量剧增，同时十分讲究歌谣的韵律。

绕龙头绕龙头，祖祖辈辈出王侯。

绕龙腰绕龙腰，祖祖辈辈出曹操。（《上梁歌》）

前六句每两句一个层次，押腰韵亦押尾韵，每两句换韵。

梁是一条龙，曲曲弯弯往上行。

走到半空等一等，等等亲朋来挂红。（《上梁歌》）

后三句句句押韵，最后一句头韵与尾韵相押。这繁杂的韵律格式，可以看出吉林歌谣运用格律方面的深化与发展。

由于吉林处于多民族融合区域，杂言体韵律歌谣相应较多，如五言为主，夹七言句；或七言为主，夹六言句、五言句。还有三、七言杂韵，长短句杂韵等等。总之吉林歌谣韵律风格多样，韵式多样，齐韵与杂韵并存，并有偶句与连句韵，使得这里的歌谣韵律风格多样，文采各异，体现了吉林多民族文化和特有的地域特色。

冬季，东北人们腌酸菜用的缸。

乌拉街镇上的老人。

船厂

赵

吉林市曾经是船厂。

传承与交流

一方水土养育一方人，一方人创一方艺；反过来，一方艺又哺育滋润一方人。

吉林的口述文化就是由这片土地上的先民，在白山松水黑土地的养育下各族人民长期创造出来的。用我们今天的话来说，就是人们创造物质财富，也创造精神财富，真是互相助长，相辅相成。

职业的歌手和艺人是这一文化的主要传播者，包括"二人转"艺人，农村中的"秧歌头""哨"家以及满族、蒙古族中职业或业余等多种曲艺艺人和"琴师"。

据诸多歌谣歌曲研究专家考证，早在明末清初，吉林大地上就已活动着诸多著名的歌者，他们能把祖先的歌学下来，传下去，而且表现表达十分全面和完整。他们善于加工和创造，能在表演中不断补充着一首首歌谣的内容、情节、段落……有这样能力的歌手可以一连气地唱上一天或几天。

总体来说，吉林民间口述歌谣是民族文化的不断融合与交流产生的，不断相互借鉴，相互吸收，所流传下来的精品，构成了今天吉林口述文化习俗的主要形态。

故事、谚语、歌谣浓缩而真实地再现了千百年间"江沿儿"各族民众的生活、劳作、斗争的智慧天才和丰富经验。它是吉林各族民众世代传承、经久积淀的辉煌精神瑰宝，是各族民众用以养性修身、成材创业的极好教材。体现了各族人民的传统美德。它是吉林各族人民代代传承的精神财富，是吉林各族人民智慧的结晶，是生长在这片土地上的民族世世代代从心底发出的呼声。